뇌과학자가
알려주는 **하고 싶은 일
찾는 법**

뇌과학자가 알려주는 하고 싶은 일 찾는 법

**1만 명의 재능과 강점을 이끌어낸
7단계 자기 탐색 프로그램**

니시 다케유키 지음 | 이정현 옮김

How to
find
what you want
to do

서 사 원

더 많은 사람이
'자기다운' 삶을 살 수 있도록

'내가 정말로 하고 싶은 일은 무엇일까?'

누구나 한 번쯤은 이런 고민을 해봤을 것이다. 다른 사람들에 비하면 초라하기만 한 자신을 보며 절망스러울 때, 눈앞이 캄캄하고 미래가 걱정될 때, 취업, 이직, 결혼 등 제2의 인생이 시작되는 기로에 서 있을 때, 지금 하는 일에서 보람을 느끼지 못할 때, 좀처럼 성과가 나오지 않아 초조할 때. 바쁜 하루하루를 보내다 보면 문득 '내 인생, 이대로 괜찮은 걸까?'라는 질문이 찾아와 우리를 멈춰 세운다.

'나에게 딱 맞는 일은 무엇일까?'

'나에게는 어떤 강점이 있을까?'

'내가 할 수 있는 일은 무엇일까?'

'지금 올바른 방향으로 가고 있는 걸까?'

'일만 하는 인생이어도 괜찮은 걸까?'

'나도 나를 잘 모르겠다'라는 고민을 품은 채 자신의 정체성을 찾으려 노력해봐도 막다른 길에 몰려 이러지도 저러지도 못하고 제자리를 맴도는 사람들. 그런 사람들이 오늘도 나의 강연회와 사무실을 찾아온다.

이 책을 시작하면서 가장 먼저 해두고 싶은 말이 있다. 그동안 하고 싶은 일을 찾지 못한 것은 당신 탓이 아니라는 점이다. 요즘같이 직업 선택이 자유롭고 삶의 방식이 다양한 시대에는 헤매지 않는 사람이 오히려 드물다.

사는 곳, 직업, 결혼 상대까지 모든 것이 태어난 지역에서 결정되던 때도 있었다. 그런 시절에는 선택의 자유가 없었다. 그때와 비교하면 많은 것을 자유롭게 선택할 수 있는 지금은 정말 좋은 시대라고 할 수 있다.

그렇다면 그때와 비교해 지금의 우리는 더 자유롭고 행복해졌을까? 아무래도 대답하기 어려운 질문이다. 어떤 의미에서는 더 자유로워졌고, 어떤 의미에서는 더 자유롭지 못하다고 볼 수 있다. '무엇이든 가능하다'라는 말은 반대로 생각하면 '무엇이든 불가능해질 수 있다'라는 뜻이기도 하다. 너무 많은 선택지가 주어지면 뇌는 작동을 멈추고 결정을 내리지 못하는 상태가 되기 때문이다.

그러나 세상은 끊임없이 우리에게 자기답게 살라고 말한다. 이는 무언의 압박이 되어 우리를 딜레마에 빠뜨리고 괴롭게 한다. '나답게 살지 못하는 나'에게 자신감을 가지기 어려운 것도 사실이다. 그리고 많은 현대인이 이러한 고민을 안고 있을 것이다.

하지만 그런 고민에 빠져 괴로워만 하기에는 인생이 너무나도 아깝다. 인간은 누구나 자기만의 재능을 갖고 있지만, 자신이 하고 싶은 일이 무엇인지 몰라서 재능을 제대로 꽃피워보지도 못하고 살아가는 사람들이 너무 많다.

나는 그런 사람들이 앞으로 나아갈 수 있도록 용기를 주고 싶었다. 더 많은 사람이 자기다운 삶을 살 수 있도록 '뇌의 힘(능력)'을 활용하는 방법을 알려주고 싶었다. 이 책은 그러한 바람에서 시작되었다.

| 길지 않은 인생, 어떻게 살아갈 것인가

사실 과거의 나 역시 하고 싶은 일을 찾지 못했던 사람 중 하나이다. 부끄러운 이야기지만, 사춘기에 접어든 학창 시절부터 약 30년 동안 관심 있는 것들은 많았어도 정말 하고 싶은 일은 모른 채 살았었다. 지금에야 내 천직인 '인생이 잘 풀리는 사람의 뇌와 그렇지 않은 사람의 뇌에 어떤 차이가 있는지 알아내는 일'에 매진하고 있지만, 이 일을 찾기 전까지 이런저런 직업을 전전하던 시기가 있었다.

학창 시절에는 내가 하고 싶은 일을 찾기 위해 호텔 웨이터 같은 서비스업부터 학원 강사, 개인 과외 선생, 프로그래머, 이벤트 보조, 교통량 조사원, 수영장과 유원지의 주차요원, 건물 벽의 도장을 벗겨내는 작업자까지 눈에 들어오는 일은 닥치는 대로 경험해보았다. 그리고 대학에서 연구직을 거친 후에 특허청에 자리 잡았다. 특허청에서 하는 일은 나름대로 재미있었지만, 무언가 충족되지 않는다는 생각이 자주 들기도 했다.

그러다 30대 초반에 난치병 선고를 받았다. 병에 대해 알아보기 위해 다양한 문헌을 읽어보았고 그러다 뇌와 질병에 관련된 논문을 접하게 되었다. 그렇게 나는 뇌 연구에 관심을 가지게 되었다.

그 시기의 경험이 내 인생의 방향을 결정했다고 해도 과언이 아니다. 3년 반이라는 투병 생활을 거쳐 기적적으로 완치한 후에 나는 남은 인생을 '뇌 연구를 통해 사람들을 돕는 일'을 하면서 살겠다고 마음먹었다.

투병 생활을 하면서 절실하게 느꼈던 한 가지는 인생은 길지 않다는 사실이다. 많은 사람이 한정된 시간 동안 어떻게 살 것인지 고민하거나, 한 번뿐인 인생을 의미 있게 살고 싶다고 생각할 것이다.

나 역시 그런 생각을 하는 사람 중 하나였고, 운 좋게도 3년 반의 투병 기간 동안 스스로를 깊이 이해하는 시간을 가질 수 있었다. 앞으로의 인생은 내가 원하는 대로 살기 위해 나를 더 잘 알고자 했고, 삶의 방향성에 대해 스스로 끊임 없이 물었다.

'앞으로 무엇을 하고 싶은가?'
'이뤄내고 싶은 목표는 무엇인가?'
'어떻게 하면 개인과 사회에 도움을 줄 수 있을까?'

스스로에게 이러한 질문을 던지고 치열하게 답을 찾은 끝

에, 2008년에 회사를 설립했다. 지금은 '뇌의 무궁무진한 가능
성을 활용할 수 있게 도움으로써 많은 사람의 행복에 기여한
다'라는 이념을 바탕으로, 자녀 양육, 비즈니스, 스포츠 등 자
신의 분야에서 성공한 사람들이 공통적으로 가지는 뇌과학 관
점의 노하우를 사람들에게 제공하는 일을 하고 있다.

특히 '재능 진단 프로그램'과 '라이프 디스커버리® 프로그
램'은 아이부터 어른까지 모든 연령대를 대상으로 재능을 이
끌어내는 방법을 알려주는 서비스로 많은 지지를 얻으며 인기
를 끌고 있다. 기업가, 교육자, 고령자, 주부를 포함해 지금까
지 1만 5,000명이 넘는 사람들을 강연회에서 만났고, 약 5,000
명이 넘는 사람들에게는 직접 조언을 해왔다.

이 책에서는 유럽과 미국을 중심으로 발표된 천직(이 책에서
는 '라이프 워크', '하고 싶은 일'이라고 표현한다-옮긴이)과 관련된 200
건 이상의 논문을 바탕으로, 나의 독자적인 연구 결과도 참고
해 하고 싶은 일을 발견하는 데 도움이 되는 사고방식에 대해
다룬다.[1]

실제로 내가 진행하는 프로그램은 참가자와 직접 대화를
나누며 하고 싶은 일을 찾지만, 누구나 그 과정을 경험해볼 수
있도록 만든 것이 이 책이다. 가벼운 마음으로 실천해볼 수 있

도록 단순하게 만들었으므로 여러 번 읽으며 연습할 수 있고, 질문이 너무 많은 것도 아니니 중간에 포기할 일도 없을 것이다. 더불어 하고 싶은 일을 찾지 못해 발버둥 치던 나의 경험 담도 함께 담았다.

▎ 자신의 본질을 깨닫자

본론으로 들어가기 전에 한 가지 이야기해두고 싶은 것이 있다. 하고 싶은 일이라고 하면 보통 '직업'을 떠올리는 사람이 많을 것이다. 우리가 하는 활동 중 많은 부분이 직업과 관련되다 보니 그렇게 생각하는 것도 어찌 보면 당연하다.

　하지만 이 책에서 말하는 하고 싶은 일의 범위는 직업에만 국한되지 않는다. 직업에 대한 이야기를 많이 다루겠지만 커리어를 포함해 생활 양식 전반에 걸쳐 하고 싶은 일을 모색해나갈 것이다. 그 과정에서 미처 알아차리지 못했던 새로운 자신과 만나게 될지도 모른다. '내가 이런 생각을 하고 있었구나!', '나에게 이런 재능이 있었구나!' 하고 의외인 면을 발견할 수도 있다. 또한 자신의 특성을 다시 한번 확인함으로써 '역시 나에게는 이런 일이 어울려'라고 확신을 가질 수도 있을 것이다.

그렇다. 이 책을 통해 알 수 있는 것은 바로 '자신의 본질'이다. 그것이 이 책의 핵심이다. 자신에 대한 분석을 통해 스스로를 이해하면, 쉽게 흔들리던 '자기 축'이 안정되고 하고 싶은 일을 찾기가 더욱 쉬워지기 때문이다. 자신을 잃은 채 살아가던 사람도 이 책을 읽은 후에는 자신의 방향성을 분명하게 알게 될 것이다.

앞으로 당신이 좋아하는 일에 열중하게 될 모습을 떠올리니 벌써부터 가슴이 설렌다. 분명 지금보다 스스로를 더욱 좋아하게 될 것이다. 그럼 지금부터 '진짜 자신'을 찾아가는 여정을 시작해보자.

뇌과학자 니시 다케유키

CONTENTS

하고 싶은 일을 찾지 못하는 열두 가지 원인

자신의 감정을
중요하게 생각하지 않는다

감정 측면

┃ '유명한 사람이 되는 것'이 꿈인 아이들

'당신이 하고 싶은 일은 무엇인가?'

이런 질문을 받으면 머릿속에 무엇이 떠오르는가? 아마 많은 사람이 구체적인 '직업'으로 답하려고 할 것이다. 자신에게 어울리는 직업이나, 트렌드에 따라서 돈을 쉽게 벌 수 있는 직업이 무엇일지 따져보는 사람도 있을 것이다. 아이들에게 이런 질문을 하면 프로 야구 선수, 아이돌, 유명한 디자이너처럼 누구나 선망하는 직업으로 답할지도 모른다.

안타깝게도 이런 식으로 대답하는 것은 하고 싶은 일을 찾기 어려운 사람들이 보이는 모습 중 하나이다. 그들은 자신이 바라던 직업을 얻을 수 있는 기회가 찾아왔을 때, 그 순간에는 그것을 원한다고 믿으며 택하더라도 결국은 하고 싶은 일에 도달하지 못할 가능성이 있다. 왜 그렇게 되는 것일까? 그것은 바로 하고 싶은 일을 통해서 얻을 수 있는 '감정'을 무시하기 때문이다.

장래희망이 '유명한 사람이 되는 것'이라고 말하는 아이들에게 "왜 유명해지고 싶니?"라고 물으니 다음과 같은 대답이 돌아왔다.

- **돈을 많이 벌어서** 자유롭게 살고 싶기 때문에(해방감을 느끼고 싶기 때문에)
- **매일 즐거운 일이 생기고** 설렘을 느낄 수 있을 것 같기 때문에
- **많은 사람에게 영향력을 발휘함으로써** 사회에 공헌한다는 기쁨을 느끼고 싶기 때문에

이러한 대답에는 공통된 부분이 있다. 유명해져서 얻을 수 있는 '자유', '설렘', '사회에 공헌한다는 기쁨'과 같이 하고 싶은 일을 통해 얻을 수 있는 '감정'이 내포돼 있다는 점이다. 만약 유명한 사람이 되었는데도 이러한 감정을 전혀 느낄 수 없다면, 그래도 그 일을 하고 싶어 할까? 예를 들어 프로 야구 선

수가 되었지만 돈을 거의 벌지 못해서 자유롭게 살지 못하고, 매일 같은 연습만 반복할 뿐 즐거운 일이 생기지도 않으며, 아이들에게 꿈과 희망을 줄 수 없다면 그 일을 하는 의미조차 느끼지 못할 것이다.

이를 통해 우리는 한 가지 중요한 사실을 알 수 있다. 바로 '○○이 되고 싶다', '○○을 하고 싶다'라고 바라는 사람이 사실 정말로 원하는 것은 구체적인 '직업'이 아니라는 점이다. 그들이 진정으로 원하는 것은 하고 싶은 일을 통해 얻을 수 있는 '감정'인 것이다.

▎당신이 '진심으로 하고 싶은 일'의 정체

인간이라면 누구나 어떤 행동을 통해 얻고 싶은 감정이 있다. 그 사실은 이 책에서 가장 중요하게 다루는 핵심이다.

- 계획대로 일이 진행될 때 느끼는 '안정감'
- 새로운 경험을 할 때 느끼는 '설렘'
- 고민 끝에 궁금증을 해결했을 때 느끼는 '성취감'
- 귀여운 동물이나 어린아이와 시간을 보낼 때 느끼는 '치유되는 기분'
- 누군가에게 도움이 되었을 때 느끼는 '보람'

이렇게 '특정 행동을 통해 얻을 수 있는 긍정적인 감정', '인생을 가치 있게 만드는 감정'을 나는 'PERC^{Positive Emotion Reconstructing Calling}'라고 부른다. 그리고 그러한 감정을 느끼게 해주는 것이 바로 당신이 정말로 하고 싶은 일의 정체이다.

아이들이 유명해지고 싶다는 생각으로 선택한 장래희망 뒤에 숨겨진 진짜 바람은 경제적인 자유를 바탕으로 '자유로운 인생'을 사는 것일 수도 있다. 또는 예상할 수 없는 일이 벌어지는 인생에서 '설렘'과 '전율'을 느끼거나, 많은 사람에게 '희망'을 전하며 사회에 공헌하는 것일 수도 있다. 이러한 감정을 얻기 위한 수단 중 하나로 유명한 사람(프로 야구 선수나 아이돌)이 되는 것을 택한 것뿐일지도 모른다.

만약 그러한 감정을 느낄 수 없다면 어떨까? 꿈에 그리던 프로 야구 선수가 되었더라도 '이게 내가 정말 원하던 일이었나?'라며 고민에 빠지고 말 것이다.

하지만 걱정할 것 없다. 왜냐하면 자신이 원하는 감정을 느끼는 것이 중요하다는 사실을 이해하고 나면 어떤 일이든 자신이 하고 싶은 일로 바꿀 수 있기 때문이다. 프로 야구 선수처럼 유명해지지 않더라도 '자유', '설렘', '사회에 공헌한다는 기쁨'을 느낄 수 있는 활동은 얼마든지 있다. 따라서 하고 싶은 일을 찾으려면 구체적인 직업이 아니라 자신의 감정에 초점을 맞추는 것에서부터 시작해야 한다.

그러나 안타깝게도 많은 사람이 하고 싶은 일을 직업에서 찾으려고 하는 것이 현실이다. 그렇다 보니 바라던 직업을 얻게 되어도 실제로 일을 해보면 자신과 맞지 않는 느낌이 들어 또다시 고민에 빠지게 되는 것이다. 그런 생각이 드는 이유는 수단과 목적이 바뀌었기 때문이다. 인생이 잘 풀리는 사람은 무턱대고 직업부터 찾지 않는다. 먼저 자신을 이해하고 충족하고 싶은 감정이 무엇인지 충분히 파악한다. 그 과정에서 자연스럽게 자신이 하고 싶은 일과 만나게 되는 것이다.

직감을
신뢰하지 않는다

감정 측면

▎심사숙고할수록 잘못된 선택을 한다?!

많은 사람이 직업을 이성적으로 선택하려고 한다. '연봉이 높으니까', '업계에서 알아주는 회사니까', '대우가 좋고 휴가도 편하게 쓸 수 있으니까', '회사 실적이 좋고 경력을 쌓는 데 도움이 되는 환경이니까' 등의 이유를 댄다. 하지만 이렇게 이성적으로 판단해 직업을 선택했더라도 실제로 일을 해보면 자신이 기대했던 것과 달라 어려움을 겪기도 한다.

이는 매우 흥미로운 현상이다. 비즈니스, 스포츠, 예술계에

몸담은 사람 중에 내가 만나본 하고 싶은 일을 찾은 사람들은 대부분 이성보다 직감에 따라 자신이 하고 싶은 일을 선택했기 때문이다.

세계적인 학술지 〈사이언스Science〉에 실린 재미있는 실험을 소개하겠다.[1] 자동차 네 대 중에서 가장 좋은 자동차 한 대를 선택하는 실험이었다. 이때 피험자는 다음과 같이 두 집단으로 나뉘었다.

❶ **충분히 생각해본 후에 선택하는 집단**(이성적으로 선택하는 집단)
❷ **시간을 갖지 않고 바로 결정하는 집단**(직감에 따라 선택하는 집단)

각 집단에는 연비, 타이어 특성과 같은 '단순한 조건'에 대한 긍정적인 정보와 부정적인 정보를 각각 네 개씩 제공하고 자동차를 선택하도록 했다. 그 결과 ❶번 집단의 60퍼센트가 가장 좋은 자동차를 올바르게 선택했다. 그에 비해 ❷번 집단에서는 40퍼센트가 가장 좋은 자동차를 선택해 첫 번째 실험에서는 '심사숙고해야 올바른 선택을 할 수 있다'라는 결론을 얻을 수 있었다. 이성적으로 선택하는 것이 옳다는 내용을 시사한 이 결과는 어떤 의미로는 납득이 되기도 한다.

이어지는 두 번째 실험에서는 두 집단에 더욱 '복잡한 정보' 열두 가지를 제공하고 가장 좋은 자동차를 고르도록 했다.

그 결과 올바른 선택을 한 비율은 이전 실험의 결과와 정반대였다.

❶ 충분히 생각해본 후에 선택하는 집단의 정답률: 약 25퍼센트
❷ 시간을 갖지 않고 바로 결정하는 집단의 정답률: 약 60퍼센트

이 결과로 미루어보면 인간은 고려해야 하는 사항이 적을 때에는 충분히 생각해야 올바른 선택을 내릴 수 있지만, 고려해야 하는 사항이 복잡하고 많을 때는 심사숙고할수록 잘못된 선택을 내리고 마는 것이다. 이 실험 결과는 직감이 이성보다 2.4배나 정확하게 판단을 내릴 수 있게 해준다는 것을 보여주었다.

이와 같은 현상은 콜롬비아대학교Columbia University의 연구에서도 확인할 수 있다. 아이돌을 뽑는 오디션 프로그램의 우승자를 예상하는 경우, 직감에 따라 예측할 때 적중률이 더 높은 것으로 나타났다(이성적인 사람의 적중률은 21퍼센트, 직감에 따르는 사람의 적중률은 41퍼센트였다).[2] 누가 우승할지 맞히기 위해서는 참가자의 외모뿐만 아니라 인성, 심사위원의 취향, 행동, 말투 등 방대한 정보가 필요하다. 이 연구에서도 복잡한 정보를 바탕으로 올바른 선택을 하기 위해서는 이성보다 직감이 더 낫다는 것이 증명된 셈이다.

하고 싶은 일을 찾을 때도 마찬가지다. 모순적으로 들리겠

지만, 주어진 정보가 많을수록 이성적으로 너무 많이 생각하면 잘못된 판단을 내릴 가능성이 높다. 단순하게 생각해 선택하지 않고, 세상의 수많은 정보를 바탕으로 합리적인 결정을 내리려 하기 때문이다.

직감은 경험과 지식의 집대성

그렇다면 직감을 키우기 위해서는 어떻게 해야 할까? 그에 대한 힌트는 우리 뇌의 깊숙한 곳에 위치한 '대뇌기저핵'이라는 곳에 숨겨져 있다.

프로 장기 기사의 뇌를 연구한 사례를 소개하겠다.[3] 프로 장기 기사는 한 수를 두기 위해 약 2억에서 6억 가지 후보 중 최적의 수를 선택한다. 일반적으로 아마추어 기사는 논리적으로 생각해 최적의 수를 찾아내지만, 프로 기사는 먼저 직감에 따라 최적의 수를 떠올리고 그 수를 검증하는 순서를 밟는다고 한다. 그럴 때 프로 기사들의 뇌에서 공통적으로 활성화되는 곳이 바로 대뇌기저핵이다.

대뇌기저핵은 정보를 기억하는 장소로, 경험이 쌓일수록 활성화되는 경향이 있다. 아이들은 다양한 사람을 접해본 경험이 적기 때문에 직감적으로 좋은 사람과 나쁜 사람을 구별하지 못하지만, 어른들은 그동안 쌓아온 경험을 통해 좋은 사람과 나쁜 사람을 분별하는 능력이 높다. **다르게 표현하자면, 경험이나 행동의 수가 적은, 즉 데이터가 부족한 사람은 직감이 작동하기 어렵다고도 할 수 있다.**

실제로 2011년에 시행된 한 연구에서 어떤 숫자가 많은지 직감에 따라 맞히는 게임을 했더니, 게임을 여섯 번 실시한 후의 정답률은 65퍼센트였고, 스물네 번 실시한 후의 정답률은 90퍼센트까지 올라갔다.[4] 이 결과는 인간은 경험이 쌓일수록 직감이 예리해진다는 것을 의미한다.

대부분의 사람이 근거 없는 확신을 느낄 때 '기분 탓일 거야', '예전부터 왠지 관심이 갔지만 '왠지' 그렇다는 건 설득력이 없어'라며 자신의 감정을 억누른다. 하지만 뇌과학적으로 봤을 때 올바른 선택을 하기 위해서는 많은 경험을 하고 직감에 따라야 한다.

'왠지'라는 마음을 따라 판단을 내리는 것을 두려워하며 행동하기를 망설이기보다, 일단 행동하면서 경험을 축적하는 것이 하고 싶은 일을 찾는 지름길이다. 실제로 행동하기 전까지는 걱정이 많았는데, 의외로 잘 해낼 수 있었고 결과도 마음에 들었다고 느끼는 경우도 적지 않다. **사람들이 예상하는 것 이상으로, 하고 싶은 일과의 만남은 직감적인 형태로 찾아오는 경우가 많은 것이다.**

좋아하는 것이 아니라
잘하는 것을 우선으로 한다

사고 측면

| 자신의 진심을 억누르는 '무의식적 편견'

지금부터는 사고의 측면에서 하고 싶은 일을 찾지 못하는 이유를 설명하겠다. 하고 싶은 일을 찾지 못하는 사람들의 생각에는 어떤 공통점이 있다. 바로 **자신의 가능성을 제한하는 '무의식적 편견**Unconscious Bias**'에 사로잡혀 있다는 것이다.**[5]

무의식적 편견이란 스스로도 알아차리지 못하는 인지 왜곡, 편향, 사물을 바라보는 관점을 가리킨다. 예를 들어 중년 남성이 자기도 모르게 젊은 사람들을 얕보는 태도나 행동을 취하는 경우, 다수가 소수에게 무신경한 말을 내뱉는 경우가 있다. 이렇듯 자신은 그럴 의도가 아니었다고 하더라도 무의식적으로 그런 행동이나 말을 하는 것은 무의식적 편견 때문이다.

타인을 향한 무의식적 편견 외에, 자신을 향한 무의식적 편견도 존재한다. 바로 '나는 이런 사람이야'라는 믿음이다.

'한 번 ○○을 했다가 실패했으니 ××도 잘될 리가 없어.'
'내 체형에 이런 옷은 안 어울려.'
'나는 이런 성격이니까 그 일에 어울리지 않아.'

이런 식으로 자신에 대한 편견에 무의식적으로 영향을 받아 도전하기도 전에 포기하고 만다. 그러면 자신의 진심을 억누르는 것이 습관이 되고, 결국 자신이 정말 바라는 것이 무엇인지 알 수 없게 된다. 그러다 정신을 차려 보면 현실이 자신이 정말 원하던 모습과 멀어졌다는 사실을 깨닫고 괴로워지는 것이다.

성공과 행복은 별개다

실제로 나의 고객 중 공인회계사로 활약하고 있는 내담자가 이렇게 한탄한 적이 있다.

"일에서는 성공했지만 전혀 행복하지 않습니다."

자세한 이야기를 들어보니 그가 진심으로 좋아하는 것은 음악이었다. 고등학교 때까지는 밴드 활동도 열정적으로 했다고 한다. 하지만 음악을 하면서 먹고사는 것은 어렵다고 판단해 자신의 특기인 수학을 활용하는 회계사가 되기로 마음먹은 것이다. 그리고 계획한 대로, 그는 회계사로서 성공했다. 그런데도 그는 행복을 느낄 수 없다고 했다. 도대체 그 이유는 무엇일까? 바로 회계사의 업무로는 자신이 원하는 감정을 충족시킬 수 없었기 때문이다.

나는 지금까지 수많은 사람이 하고 싶은 일을 찾는 것을 도왔다. 그중에는 이 회계사처럼 자신이 잘하지만 좋아하지는 않는 일을 직업으로 삼고 있는 사람이 많았다.

그러한 선택을 하게 되는 데에는 학교 교육의 영향도 있을 것이다. 직업 교육에서도 '강점을 살리는 것', '특기를 발전시키는 것'을 성공의 지름길로 여기고, '좋아한다'라는 감정은 존중하지 않는다. 아무리 좋아하는 일이라도 그것으로 돈을 벌지 못한다면 먹고살 수 없다는 이유에서다.

여러 직업 이론에서도 '좋아하는 것이 무엇인지 모르겠다면 우선 잘하는 것에서부터 시작하라', '좋아하지 않더라도 좋아하려고 노력해보자'라고 가르친다. 더 나아가 '좋아하는 일은 직업으로 삼지 않는 게 좋다(싫증을 느끼게 되니까. 취미와 일은 엄연히 다르니까 등의 이유를 든다)'라는 생각도 널리 퍼져 있다.

나도 그러한 의견을 부정하지는 않는다. 자신의 강점을 무기로 삼아 인생을 개척하고 성공을 거머쥔 사람들이 실제로 많기 때문이다. 하지만 사회적으로 성공한다고 해서 그것이 곧 '행복'이라고 할 수 있을까? 평생 그 일을 계속하고 싶다고 원하게 될까? 그렇지 않기 때문에 성공과 행복 사이에서 고민하는 사람들이 있는 것이다.

일이란 원래 인간이 행복해지기 위한 수단이다. '반드시 좋아하는 일을 해야 한다'라며 좋아하는 일 자체가 부담이 되어서는 안 되지만, 인간이 행복해지려면 좋아하는 일을 통해 자신이 원하는 감정을 충족시킬 필요가 있다.

일과 생활에서 설렘을 느끼고 싶다면 잘하는 일을 추구하는 것만으로는 부족하다. 조금은 용기가 필요하겠지만, 좋아하는 일에 부딪혀봄으로써 자신에 대한 이해를 넓힐 수 있다.

원인 4

자신에게 안 맞는 일이
무엇인지 모른다

사고 측면

| '사소한 위화감'을 확인하자

나는 어릴 때부터 '내가 하고 싶은 일은 무엇일까?'라고 늘 고민하는 아이였다. 학창 시절에 이런저런 아르바이트를 한 것도 하고 싶은 일을 찾기 위함이었다.

앞서 말했듯이, 나는 지금까지 다양한 직업을 경험해왔다. **그러면서 깨닫게 된 것은 그중 어떤 직업도 나에게 맞지 않다는 사실이었다.** 예를 들어 건물 해체 작업을 하러 갔을 때는 금방 항복하고 말았다. 새벽 5시에 일어나 차를 타고 두 시간이나 이동한 후에, 점심시간을 제외한 일곱 시간 내내 일만 해야 했기 때문이다. 하지만 그러한 깨달음은 실제로 경험해보았기 때문에 얻을 수 있는 것이었다. 결국 나는 육체노동과 단순 작업에 약하다는 사실을 알 수 있었다. 내가 하고 싶은 일은 무엇일지 책상 앞에 앉아서 고민만 했다면 몰랐을 사실이다.

무슨 말을 하려는 것인지 눈치챘는가? 내가 아르바이트 경험을 통해 얻은 것은 '이 일은 나에게 잘 맞다'라는 긍정적인 감정이 아니라 '이 일은 나에게 맞지 않다'라는 '위화감'이었다. 위화감은 하고 싶은 일을 찾는 데 강력한 단서가 된다.[6,7] 자신에게 안 맞는 일이 무엇인지 알면 잘 맞는 일도 알 수 있게 된다. 지금 하는 일에서 위화감이 드는 작업을 하나씩 줄여나가면, 자신이 하고 싶은 일에 서서히 가까워질 수 있기 때문이다. 그러니 경험을 통해 얻은 위화감을 소중하게 여기기 바란다.

평소에 아무리 노력해도 좋아지지 않는 일이 있는가? 그것은 일을 하다 보면 금세 잊어버릴 정도로 매우 사소한 위화감일 수도 있다. 하지만 위화감을 느꼈을 때야말로 하고 싶은 일에 가까워질 수 있는 기회이다. 위화감의 정체가 무엇인지 말로 표현하기 어렵더라도 위화감을 느꼈다는 사실만은 기억해두기 바란다.

▍ 다양한 경험을 통해 확인하는 위화감

실제로 무슨 일이든 경험해보면서 자신이 어디서 위화감을 느끼는지 확인하는 것이 필요하다. **이는 연애에도 해당된다.** 시드니대학교The University of Sydney의 연구팀은 이상적인 연인을 75퍼센트의 확률로 찾아내는 방법을 소개해 화제가 됐었다.[8] 바로 '열두 명과 사귄 후에' 이상적인 연인을 찾으라는 것이었다.

열두 명에는 다양한 유형의 사람들이 포함되어 있어 사람들을 만나다 보면 자신이 어떤 부분에서 이성에게 호감을 잃는지 느끼게 된다. 예를 들어 전 연인에게 받은 선물을 여전히 가지고 있는 사람이나, 밥을 먹을 때 소리를 내는 사람에게 호감이 떨어질 수 있다. 열두 명과 사귀고 나면, 자신이 이성을 볼 때 어떤 부분에서 부정적인 인상을 받는지, 자신이 바라는 이상적인 연인은 어떤 모습인지, 구체적으로 그려질 것이다.

일도 마찬가지다. 다양한 일을 경험하면서 자신이 어디에서 위화감을 느끼는지 확인하다 보면 자신에게 이상적인 직업에 대한 감이 잡힐 것이다. 따라서 이직, 부업, 아르바이트, 파견 근무 등의 경험을 통해 자신이 하고 싶은 일을 찾을 수 있다. '인간은 한 가지 일을 끈기 있게 지속함으로써 성장한다'라는 의견도 일리가 있지만 다양한 일을 경험하면서 위화감을 확인하는 과정도 하고 싶은 일을 찾는 데 있어서 빼놓을 수 없다.

원인 5

세상의 평가를 기준으로 한다

| 타인의 기대는 통제할 수 없다

'프로 야구 선수가 된다면 멋있어 보일 거야.'

'의사가 된다면 근사해 보일 거야.'

'기업인이 된다면 대단해 보일 거야.'

다른 누구도 아닌 나부터가 이런 생각을 하고 있었다. 하지만 안타깝게도 '멋있어 보이는 일'을 원하는 사람도 자신이 진심으로 하고 싶은 일을 찾기 어려울 수 있다. '멋있어 보이는 것'을 추구하는 사람들의 특징은 다른 사람에게 인정받고 싶은 욕구가 크다는 것이다. 즉, 동기가 자신의 외부에 있다.

일을 좋아하는 이유가 다른 사람들의 인정을 받을 수 있기 때문이라고 말하는 사람도 있다. 하지만 그런 생각은 사실 그 일을 그다지 좋아하지 않지만 인정을 받아서 기쁜 나머지 좋아한다고 착각하는 것일 수도 있다. 인정받는 것에 집중하면 다른 사람이 기대하는 행동을 우선으로 한다는 연구 결과도 있다.[9] 그것은 세상의 평가를 중심으로 하는 삶의 방식이다.

다른 사람에게 인정받을 수 있는지 없는지에 대한 여부는 자신이 처한 환경이나 타인이 결정하는 것이기 때문에 스스로 통제할 수 없다. **자신이 통제할 수 없는 환경에 놓일 때 인간의 행복도가 떨어진다**는 연구 결과가 있다. 소득이나 학력 수준보다 삶의 방식을 결정할 권리가 자신에게 있는지의 여부가 행복도를 좌우하는 것이다.[10,11,12] 실제로 '일을 잘한다', '공부를 잘한다'라는 평가를 많이 받는 사람일수록, 자신이 하고 싶은 일을 찾는 데 더 많은 시간이 걸리기도 했다. **칭찬이나 세상의 평가에 익숙한 재능 있는 사람일수록 하고 싶은 일을 찾기 어려운 경향이 있는 것이다.**

┃ 자신이 아닌 다른 누군가가 되려고 하지 마라

하고 싶은 일을 찾으면서 사회에서 존경받는 누군가처럼 되고 싶다고 말하는 사람도 있다. 하지만 나는 그러한 생각도 권장하지 않는다. 심리학의 관점에서 인간이 누군가를 동경하는 것은 자신에게 없는 무언가를 그 사람이 가지고 있기 때문이라고 보는데[13], 이를 '상보성 원리Complementarity Principle'라고 한다. 따라서 '그 사람처럼 되고 싶다'라는 바람은 자신이 손에 넣기 어려운 무언가를 가지고 싶기 때문인 것이다.

스티브 잡스Steve Jobs를 동경해도 스티브 잡스가 될 수는 없다. 오해를 막기 위해 말해두자면, 스티브 잡스와 같은 기업인이 되는 것을 목표로 혁신을 일으키기 위해 노력하는 것은 인간을 성장시키는 매우 바람직한 방법이다. 왜냐하면 뇌의 사령탑인 전전두피질은 우리에게 목표가 있을 때 더욱 활성화되어서 필요한 행동을 하게 만들기 때문이다.

또한 인간은 경험이 쌓이면 사고의 폭이 넓어지고 능력이 향상된다.[14] 나아가 인간에게는 성과를 낼 때보다 성장하고 앞으로 나아갈 때 기쁨을 느낀다는 특성이 있다.[15] 행복도가 높아지면 업무의 생산성은 10퍼센트에서 31퍼센트가량 증가하고, 창조성은 세 배나 높아지므로 일은 더욱 잘 풀릴 것이라고 예측할 수 있다.[16,17]

하지만 자신이 동경하는 사람 그 자체가 되려고 한다면, 결국 그 사람이 될 수는 없다는 사실에 괴로워질 것이다. 롤 모델은 어디까지나 성장을 위해 참고하는 대상일 뿐이다. 자신이 아닌 다른 누군가가 되려고 하지 않는 것. 그것 역시 하고 싶은 일을 찾는 데 있어서 핵심적인 요소이다.

이미 존재하는 직업에서
하고 싶은 일을 찾는다

사고 측면

| '세상에 존재하지 않는 직업'을 찾는 방법

지금 세상에 존재하는 직업들은 누군가가 만든 것이다. 그러
니 자신의 취향이나 성향과 딱 맞아떨어지는 직업을 찾기 어
려운 것은 당연하다. 이미 정해진 틀 안에 자신을 끼워 넣으려
고 하면 무리를 할 수밖에 없다.

물론 이미 존재하는 직업 중에서 자신이 하고 싶은 일을 찾
을 수 있다면 그보다 좋은 일은 없을 것이다. 하지만 지금 이
순간에도 새로운 직업이 탄생하고 있다. 어쩌면 당신이 알지

못하는 직업 중에 당신이 하고 싶은 일이 있을지도 모른다.

여기서 내가 말하고 싶은 것은 **자신이 원하는 감정을 충족시키는 일이 이미 존재하는 직업 중에 있을 것이라고 단정 짓는다면 그런 일을 찾기 어렵다**는 사실이다.

나는 그 사실을 취업 준비를 하면서 깨달았다. 수많은 기업의 소개 자료를 쌓아놓고 그중에 내가 하고 싶은 일이 있을 거라고 믿으면서 모든 자료를 훑어보았다. 하지만 무엇 하나 내 마음을 움직이는 것이 없었다. 결국 '이 세상에는 내가 하고 싶은 일이 없다'라는 결론에 이르렀다. 그래서 대학 졸업 후에 바로 취직을 하지 않고 박사 과정에 진학했다. 그것 역시 하고 싶은 일이 없으니까 어쩔 수 없이 내린 결정이었다.

지금 돌아보면 하고 싶은 일을 찾지 못한 것은 당연한 일이었다. 현재 내가 라이프 워크('소명', '천직'을 뜻하는 표현으로, 이 책에서 말하는 '하고 싶은 일'을 가리킨다. 자세한 내용은 제2장에서 다룬다—옮긴이)로 삼고 있는 것은 '비즈니스, 스포츠, 인간관계, 연애, 자녀 양육 등 다양한 분야에서 일이 잘 풀리는 사람과 그렇지 않은 사람의 뇌에 어떤 차이가 있는지 연구하고 그 결과를 통해 얻은 노하우를 기업이나 교육기관에 제공하는 일'이다. 세상에 존재하지 않는 직업이므로 이미 존재하는 직업 중에서 찾을 수 있을 리가 없었다.

내가 하고 싶은 일이 세상에 없다면, 내가 직접 만들면 된다. 그렇게 생각하자 주어진 선택지 중에서 반드시 찾아내야 한다는 압박감을 조금은 덜 수 있었다.

▎ 이미 존재하는 직업들을 조합하라

그렇다고 해서 이미 존재하는 직업들에 대해 몰라도 된다는 뜻은 아니다. 오히려 이미 존재하는 직업에 대한 정보가 많으면 많을수록 하고 싶은 일을 찾는 데 도움이 된다. 왜냐하면 아무리 새로워 보이는 직업이라도 완전히 새롭게 만들어진 것은 아니기 때문이다.

　새로운 직업은 이미 존재하는 직업의 요소들을 조합해 만들어진 경우가 대부분이다. 예를 들어 게임과 스포츠의 조합으로 만들어진 'e-스포츠 선수'라는 직업은 현재 세계적으로 각광받고 있다. 수목과 의사의 조합인 '나무 의사', 요리와 아나운서의 조합인 '요리 실황 중계 캐스터', 드럼과 에어로빅 강사의 조합으로, 어둠 속에서 드럼을 치며 운동을 가르치는 '드럼 운동 강사'라는 직업도 있다. 또한 과학과 법률의 조합인 '발명 전문 변호사'가 활약할 것으로 기대되고, AI와 자동차의 조합인 '자율주행 기술 엔지니어'도 있다.

　따라서 이미 존재하는 직업이나 분야를 조합함으로써 자신이 하고 싶은 일이라고 확신이 드는 직업을 직접 만드는 것도 충분히 가능하다.

아는 직업의 수는 많을수록 좋다. 네 가지 직업을 알고 있으면 만들 수 있는 조합은 열다섯 가지이고, 열 가지 직업을 알고 있으면 만들 수 있는 조합은 1,023가지이므로 선택지가 확연히 늘어난다. 선택지가 많을수록 그중에 자신이 하고 싶은 일이 포함되어 있을 가능성은 높아질 것이다.

원인 7

강렬한 열정만
진정한 열정이라고 믿는다

사고 측면

▎ 조용한 열정을 간과하고 있지 않은가

'하고 싶은 일'이라고 하면, 불타오르는 듯한 붉은 열정에 휩싸인 이미지를 떠올리는 사람이 많을 것이다. 하지만 현실에서는 그런 경우만 있는 것은 아니다. 예를 들어 묵묵히 작품을 만들어내는 도예가를 떠올려보자. 목소리를 높이고 열을 올리며 이야기하는 모습은 상상하기 어려울 것이다. 자신이 얼마나 대단한지 자랑을 늘어놓지 않는 사람. 솜씨만큼은 세계적인 수준이며, 자신만의 작품 세계를 담담하게 펼쳐나가는 사

44

CHAPTER 1

람. 그런 이미지에 더 가까울 것이다.

나의 강연에서도 즉각적으로 반응하는 사람이 있는가 하면, 표정만 봐서는 무슨 생각을 하면서 듣고 있는 것인지 예측하기 어려운 사람도 있다. '내 이야기가 재미없는 걸까' 하고 신경 쓰일 때도 있지만, 강연 중에는 조용하던 사람이 강연이 끝난 후에 "정말 재미있었어요!"라며 직접 감상을 전하는 경우도 있다.

열정에는 '빨갛고 강렬하게 타오르는 유형'과 '파랗고 조용히 타오르는 유형'이 있다. 빨갛고 강렬하게 타오르는 열정만이 전부라고 생각하면, 파랗고 조용히 타오르는 열정의 존재를 간과할지도 모른다.

▎ 외면적 지능과 내면적 지능

심리학 관점에서 설명하자면, 두 가지 열정의 차이는 '외면적 지능'과 '내면적 지능'의 차이에서 기인한다고 볼 수 있다. 외면적 지능이란 자신의 외부를 이해하는 능력을 가리킨다. 이것이 발달한 사람은 다른 사람들과 어울리면서 무언가를 만들어나가는 일에서 뜨거운 열정을 느낀다.[18] 한편 내면적 지능이란 자신의 내부를 이해하는 능력을 가리킨다. 이것이 발달한 사람은 자기 자신과 내적으로 마주해 무언가를 탐구해나가는 일에서 설렘을 느낀다.

두 가지 중 어느 쪽이 더 낫다고 볼 수는 없다. 또한 누구나 외면적 지능과 내면적 지능을 모두 가지고 있으므로, 어느 쪽이 더 높은지에서 차이가 있을 뿐이다. 다만 내면적 지능이 높은 사람이 외면적 지능이 높은 사람(뜨거운 열정을 가진 사람)을 의식해 사교적으로 행동하려고 한다면 스트레스를 받을 것이다. 그 반대도 마찬가지다.

당신이 내면적 지능이 높고 열정을 조용히 불태우는 유형이라면, 뜨거운 열정에 사로잡히게 만드는 무언가를 찾으려 해도 쉽지 않을 것이다. 그럴 때는 시선을 지금까지 관심을 두었던 내부가 아닌 외부로 돌려보기 바란다.

다른 사람의 의견에
쉽게 영향을 받는다

행동·심리 측면

▎말을 잘 듣는 아이일수록 성공하기 어렵다?

말을 잘 듣는 아이는 어른들의 관심과 귀여움을 받는다. 하지만 그런 아이들이 사회적으로는 성공하기 어려울 수 있다는 주장이 여러 연구를 통해 확인되고 있다.[19] 어떤 연구에서는 말을 잘 듣는 아이가 어른이 되면 자신의 의견을 확고하게 가지지 못하고 판단력도 낮은 경향이 있다는 사실을 보고했다.[20] 또한 협동심이 너무 강한 아이는 그렇지 않은 아이에 비해 어른이 된 후의 수입이 약 7,000달러(약 990만 원)나 낮다는 조사 결

과도 있다.[21]

한편 우리에게 알려진 성공한 사업가 중에는 좋은 의미로 '제멋대로인' 사람들이 많다. 예컨대 주변에서 '너무 무모하다. 당장이라도 그만둬야 한다'라고 생각할 법한 일이라도, 자신을 믿으며 밀고 나갈 수 있는 사람들이다.

다른 사람의 의견에 쉽게 좌우되는 사람은 자신이 하고 싶은 일을 찾기 어렵다. 타인의 감정을 신경 쓰느라 자신의 감정에 집중하지 못하기 때문이다. **자신의 머릿속에서 타인이 차지하는 비율이 크다고 볼 수도 있다.**

인간의 의식에는 '사적 자기의식Self-focused Attention'[22]과 '공적 자기의식Public Self-consciousness'[23]이 있다는 것이 여러 연구를 통해 밝혀졌다. 사적 자기의식이란 다른 사람은 볼 수 없는 '자신의 내면'에 주의를 기울이는 것을 가리킨다. 사적 자기의식이 강한 사람은 자신의 감정을 예리하게 알아차리고, 다른 사람의 의견에 대해 '동의하지 않는다'라거나 '싫다'라고 분명하게 말할 수 있다. **그렇기 때문에 '나는 어떤 존재이고 싶은가'라는 '개인적 정체성'을 중시한다.**

한편 공적 자기의식이란 외모나 행동 등 다른 사람이 볼 수 있는 자신의 모습에 주의를 기울이는 것을 가리킨다. 공적 자기의식이 강한 사람은 다른 사람에게 어떻게 보일지 의식해 자신의 의견을 표현하지 않고 동조 행동을 하는 경향이 있다.

그렇기 때문에 '다른 사람이 나를 어떻게 생각하는가'라는 '사회적 정체성'을 중시한다.

안타깝게도, 공적 자기의식이 너무 강하면 타인의 의견에 휩쓸리기 쉽다. 상대방의 의견에 동의하지 않더라도 그 사람의 기분을 생각해서 동의하는 등 상대방을 우선시하기 때문이다.

▍자신과 타인의 이상적인 비율을 찾아라

그렇다고 해서 사적 자기의식이 강한 편이 반드시 좋은 것은 아니다. 다른 사람의 의견에 좌우되지 않는 경향이 자기만 생각하는 이기심으로 발전한다면 자기중심적인 사람이라며 비판의 대상이 될 수도 있다.

무엇이든 균형을 이루는 것이 중요하다. 하지만 '자신과 타인이 차지하는 비율'이 균형을 이루는 것은 쉽지 않다. **이는 타인의 의견을 받아들이는 유연함과 타인의 의견에 휘둘리지 않는 강인함을 균형 있게 유지한다는 말이기도 하다.** 예를 들어 무언가에 대한 판단을 내릴 때 타인의 의견을 어디까지 받아들이고 자신의 생각은 얼마나 고수해야 할까? 자신의 재능이 뛰어나다는 믿음이 있다면, 타인의 의견을 무시해도 일이 잘 풀릴 수 있다. 실제로 학계나 스포츠계에서 다른 사람의 말을 듣지 않는 천재 주변에 사람들이 모이는 것은 그들의 재능이 너무나도 뛰어나기 때문이다. 하지만 일반적으로는 타인의 의견을 존중하면서 다른 사람들과 함께 살아가는 길을 찾는 쪽이 현명하다. 때로는 타인의 의견을 있는 그대로 받아들이고, 때로는 일부러 주의를 두지 않는 절충적인 태도가 필요한 것이다.

'자신과 타인이 차지하는 비율'의 균형 때문에 고민이라면, **자신이 이상적이라고 생각하는 비율을 '자신 30, 타인 70'처럼 수치로 표현해보기 바란다.** '자신 60, 타인 40'을 편안하게 느끼는 사람도 있을 것이다. '자신 50, 타인 50'이 아니면 불편하다고 느끼는 사람도 있을 것이다. 이렇듯 이상적이라고 느끼는 비율은 사람마다 다르다.

문제가 발생하는 것은 이상과 현실에 차이가 생길 때이다. '자신 70, 타인 30'을 이상적인 비율로 생각하고 자신의 의견이 받아들여지는 환경을 선호하는 사람이, '자신 30, 타인 70'인 환경에 놓이면 극심한 스트레스를 받을 것이다. 반대로 '자신 90, 타인 10'이 허용되는 환경에서는 '내가 너무 독선적인 것 아닐까'라며 걱정할 수도 있다. 현재의 '자신과 타인이 차지하는 비율'이 자신의 이상과 차이가 난다면, 잠시 멈춰보는 것이 자신에 대한 이해로 이어질 것이다.

원인 9

안전지대에
머무르려고 한다

행동·심리 측면

▌편안한 환경에서 딱 한 걸음 벗어나보자

누구에게나 자신만의 '안전지대('컴포트 존^{Comfort Zone}'이라고도 한다)'
가 있다.[24] 안전지대란 정신적으로 안정감을 느끼고 스트레스
가 없는 상태를 유지할 수 있는 영역을 가리킨다. 반면에 스트
레스를 받아 불편하며 불안을 느끼는 영역을 '비안전지대(컴포
트 존과 관련된 용어로 '스트레치 존', '패닉 존'이 있는데 여기서는 대비되는
두 영역만을 강조하기 위해 '안전지대'와 '비안전지대'로 표현한 것으로 보인
다-옮긴이)'라고 한다.

평온한 일상을 보내고 싶다면 안전지대에 계속 머무르면 된다.[25] 실제로 인간은 나이가 들수록 안전 지향적으로 바뀌고, 비안전지대로 나가지 않는 경향이 있다. 예를 들어 이직이나 부서 이동을 꺼리고, 새로운 것을 배우고자 하는 의욕도 떨어지며, 식당에서는 늘 먹던 메뉴만 주문하는 것이다. 이는 안전지대에서 안정감을 느끼는 사람들의 특징이다.

다만, 만약 지금의 안전지대에서 자신이 하고 싶은 일을 찾지 못했다면 비안전지대로 딱 한 걸음만 나가보라고 제안하고 싶다. 왜냐하면 하고 싶은 일은 안전지대 바깥에 있는 경우가 많기 때문이다.

비안전지대로 나가고 싶지 않은 사람도 있을 것이다. 하지만 걱정할 필요는 없다. 한번 발을 들여놓은 비안전지대는 안전지대로 바뀌기 때문이다. 예를 들어 친구에게서 주말에 함께 캠핑을 가자는 연락을 받았다고 해보자. '캠핑은 한 번도 가본 적 없는데. 귀찮아'라는 생각부터 들 수도 있다. 하지만 용기를 내서 가봤더니 예상외로 즐거워서 '캠핑은 정말 재밌는 거였잖아? 이참에 캠핑 용품도 장만해볼까?' 하고 생각이 달라지기도 한다. 이는 비안전지대에 한번 발을 들여놓으면 그곳이 안전지대로 바뀌는 현상으로, 나는 이를 '안전지대 확장 효과'라고 부른다.

사실 안전지대에만 머물면서 자신이 하고 싶은 일을 발견한 사례는 그다지 많지 않다. 우연히 음악가 집안에서 태어나, 어렸을 때부터 음악을 접했다면 음악을 하고 싶다는 마음을 자연스럽게 가지게 될 수도 있고, 프로 장기 기사가 주변에 있으면 자연스럽게 장기를 시작할 수도 있다. **하지만 안전지대 바깥에 자신이 하고 싶은 일이 있는 경우도 많다.**

안전지대에 계속 머무르는 것이 성장에 도움이 안 된다는 것도 잘 알려진 사실이다.[26] 하고 싶은 일을 찾는 데 힌트가 되는 것들은 안전지대에서 한 걸음 벗어난 곳에 널려 있다.

대인관계가
좁다

인간관계 측면

│ 과학적으로 증명된 운이 좋은 사람과 나쁜 사람의 차이

자세한 자료는 이후에 소개하겠지만, 일본과 비교했을 때 미국에는 일에서 삶의 보람을 느낀다고 답하는 사람이 몇 배나 된다. 그것은 미국에는 하고 싶은 일을 하면서 살아가는 사람들이 아주 많다는 사실을 시사한다.

그런 사람들과의 만남은 하고 싶은 일을 찾는 데에 아주 중요하다. 이유는 크게 두 가지다. 첫 번째 이유는, 유용한 정보는 사람을 통해서 얻을 수 있기 때문이다. 운이 좋은 사람과 나쁜 사람의 차이를 조사한 연구가 있다. 그 차이 중 하나가 바로 '만남의 수'였다.[27] 새로운 만남의 양이 그 사람의 운을 좌우한다는 뜻이다.

실제로 하고 싶은 일을 찾기 위해서는 사람을 포함한 아주 많은 기회와의 만남이 중요하다.[28,29] 그 이유는 사람을 통해서만 얻을 수 있는 정보가 있기 때문이다. 생각지도 못한 커리어를 개척할 기회나 새로운 분야에 도전하는 프로젝트처럼 인생의 전환점이 되는 일은 의외로 스스로 찾아내는 경우보다 누군가가 가져다주는 경우가 많다. 왜냐하면 재미있는 작업이나 도전적인 프로젝트를 함께 진행할 사람을 찾을 때, 전혀 모르는 사람이 아니라 이미 알고 지내는 사람 중에서 찾는 경우가 많기 때문이다. 자신이 하고 싶은 일을 하면서 살아가는 사람들은 재미있는 일을 많이 벌인다. 따라서 그런 사람들 사이에 들어가면 그만큼 하고 싶은 일과 만날 기회도 많아진다고 볼 수 있다.

지금은 무엇이든 온라인으로 할 수 있는 시대이다. 사람들과 직접 만나지 않아도 충분히 의사소통할 수 있다. 동시에 사람과 직접 만나서 이야기하는 것의 가치가 상대적으로 높아졌다. 이는 사람과의 만남에서 얻을 수 있는 '살아 있는 정보'의 가치가 높아졌다는 사실을 시사한다. 그러니 새로운 기회가 필요하다는 생각이 든다면 의식적으로 새로운 만남을 시도해보기 바란다.

| 하고 싶은 일을 찾는 데 중요한 열쇠, '거울 뉴런'

하고 싶은 일을 하면서 사는 사람과 실제로 만나는 것이 중요한 두 번째 이유는 하고 싶은 일을 하면서 사는 사람을 보면 우리 뇌의 거울 뉴런이 작동해[30,31] 자신도 그 사람의 사고방식이나 행동에 영향을 받기 때문이다. 우리가 누군가의 움직임을 볼 때 우리 뇌에서는 무의식적으로 상대방의 동작을 흉내 낸다.[32] 거울 뉴런은 그때 활성화되는 세포이다.

반대로 생각해보면, 일본인이 일에서 삶의 보람을 느끼지 못하는 이유는 하고 싶은 일을 하며 살아가는 사람과 만날 기회가 적기 때문일지도 모른다. 그런 사람과 만나지 못하면 자신이 하고 싶은 일을 하면서 살아가는 모습을 상상하기 어려울 것이다. 주변에 꾸역꾸역 일하는 사람들만 있다면 '나는 절대로 저렇게 되지 말아야지'라고 생각하다가도, 동시에 '인생이란 원래 그런 건가?' 하는 생각이 들기도 한다.

지금 하고 싶은 일을 찾지 못해 고민이라면 직장이나 주변에서 늘 만나는 사람들 말고 다른 환경에 있는 사람과 만나보기 바란다. 어떤 분야든 상관없다. 하고 싶은 일을 하면서 살아가는 사람과 적극적으로 교류해보기를 추천한다.

자신의 적성이나 재능을
정확하게 알지 못한다

지식 측면

┃ 경험은 뇌를 속일 때가 있다

'내 생각이 가장 옳다.'

'나를 가장 잘 아는 건 나 자신이다.'

정도의 차이가 있을 뿐, 누구나 이런 생각을 가지고 있다. 이렇듯 자신의 감각이 옳다고 믿는 인지 편향을 '내성 착각Intro- Spection Illusion'이라고 한다.[33,34] 내성 착각과 자신이 하고 싶은 일을 찾는 것 사이에는 어떤 관련이 있을까? 지금부터 자세히 알아보자.

자신의 장단점이 무엇인지 아는 것은 중요하지만, 그러한 판단이 과거의 경험에서 비롯된 잘못된 믿음은 아닌지 검증할 필요가 있다. 그렇게 하지 않으면 자신의 적성이나 능력과는 거리가 먼 분야에서 하고 싶은 일을 찾는 우를 범할 수 있기 때문이다. 스스로에 대해 다음과 같은 생각을 하는 사람이 있다고 해보자.

'새로운 일에 도전하는 것은 나에게 맞지 않아.'
'정해진 절차를 따르는 일을 하는 쪽이 마음 편하지.'

이것이 올바른 자기인식일 가능성도 있다. 다만 내성 착각에서 비롯된 잘못된 믿음일 가능성도 고려해봐야 한다. 과거에 새로운 일에 도전했다가 실패한 경험이 있을 수도 있다. 또는 실패했을 때 동료들의 비웃음을 사고 상사에게 혼났던 일이 트라우마로 남아 있을지도 모른다. 어느 경우든 자신에게 문제가 있는 것이 아니라 우연히 일이 잘 풀리지 않았을 뿐일 가능성은 정말 없는 것일까?

그 당시에 한 번 더 도전했다면 성공했을지도 모른다. 애초에 한 번이라도 도전을 해봤으니 다른 사람들에 비해 도전하는 게 적성에 맞는 사람이라고 볼 수도 있다.

경험이 뇌를 속일 때가 있다는 사실을 기억하기 바란다. 경험을 통한 잘못된 학습을 바탕으로 '나는 이런 사람이다'라는 고정 관념을 만든다면, 하고 싶은 일을 찾는 것이 더욱 힘들어질지도 모른다.

▌'정말 그런가?'라고 스스로에게 질문하자

자신이 내성 착각에 사로잡혀 있는지 어떻게 알 수 있을까? 그것을 확인하고 싶을 때는 다른 사람의 의견을 들어보는 것이 도움이 된다.

앞서 다른 사람의 의견에 지나치게 좌우되면 하고 싶은 일을 찾기 어렵다고 한 이야기와 모순되는 것처럼 들릴 수도 있다. 물론 지나치게 좌우되는 것은 좋지 않지만, 다른 사람의 의견을 어느 정도 수용하면 자신의 새로운 모습을 발견하는 데 도움이 되기도 한다.

실제로 타인의 시선이 객관적이어서 자신을 올바르게 평가해줄 수 있다는 것을 보여준 흥미로운 연구가 있다.[35] 연구 결과에 따르면 피험자의 친한 친구는 피험자의 성격을 정확하게 알아맞히는 것은 물론, 수명까지 예측할 수 있었다.

나 역시 그 사실을 실감한 적이 있다. 지금의 직업을 가지기 전까지, 나는 인간적으로 미성숙한 사람이었다. 일을 하는 이유는 나의 성공을 위해서일 뿐 타인을 위해 일한다는 생각은 그다지 해본 적이 없었다. 그렇다 보니 어떤 노년 여성에게서 "선생님처럼 사람을 잘 이해해주는 의사에게 진찰받고 싶어요"라는 말을 들었을 때, '나는 의사가 아닌데 도대체 무슨 말씀을 하시는 거지?' 하고 진심으로 의문이 들었었다.

지금 돌아보면 나는 내성 착각에 사로잡혀 있었다. 내 의견이 맞고 상대방은 틀렸다고 생각했다. 그런데 지금 내가 하는 일은 따지고 보면 의사가 하는 일과 비슷하다는 사실을 깨달았다. 강연회나 개인 상담을 통해 만나는 사람들을 대상으로, 그들의 인생이 잘 풀리지 않는 원인을 분석(진단)하고, 그 사람이 본래 가지고 있는 능력을 이끌어내는 일이기 때문이다. 그때 그분이 나의 자질을 꿰뚫어 봤다는 사실을 이제는 너무나도 잘 알고 있다.

내성 착각에 사로잡혀 있는지 확인하기 위해 도움이 되는 방법이 한 가지 더 있다. **바로 '정말 그런가?'라고 스스로 질문하는 것이다.** 예를 들어 자신이 '여자 앞에서는 지나치게 긴장한다'라고 믿는 한 남성이 있다고 해보자. 그런데 지금 당장 여자 앞에 나서야 하는 상황에 처해서 공포에 떨고 있다. 그럴 때 '정말 모든 여자 앞에서 긴장하는가?'를 스스로 물어보는 것이다. 그러면 어머니나 여동생 앞에서는 긴장하지 않는다거나, 여자아이 앞에서도 긴장하지 않는다는 사실 등 여러 가지 예외가 떠오를 수 있다. '정말 그런가?'라는 질문을 통해, '여자 앞에서는 지나치게 긴장한다'라는 생각이 100퍼센트 사실은 아니라고 깨닫는 것이다.

또 다른 예를 들어보자. '사람들은 언제나 나를 속이니까 더 이상 사람을 신뢰하지 않겠다'라는 생각은 진실일까, 잘못된 믿음일 뿐일까? '정말 그런가?'라고 자신에게 질문해보면, '모든 사람이 남을 속이는 것도 아니고, 지금 내 주변에 신뢰할 수 있는 사람이 몇 명은 있다'라는 사실을 깨달을 수도 있다. 또는 연인에게 계속 차이기만 하는 사람이 '나는 평생 연애를 못할 거야'라고 생각한다면, 그것은 진실일까, 잘못된 믿음일 뿐일까? '정말 그런가?'라고 스스로 질문해보면, '평생이라니, 그렇게 단정 지을 건 없지'라는 생각이 들 것이다.

이런 식으로 '정말 그런가?'라고 자신에게 묻는 습관을 들이면, 무언가 안 좋은 일이 일어나더라도 이건 우연히 벌어진 일이라고 마음을 가다듬고 냉정하게 받아들일 수 있다.

하고 싶은 일을
찾겠다는 의지가 강하다

뇌의 특징

┃ 결혼 상대를 찾는 기간이 길어지는 사람의 특징

하고 싶은 일을 찾는 데 있어서 가장 큰 함정은 무엇일까? 바로 하고 싶은 일을 찾아내고야 말겠다는 의지가 너무 강하면 오히려 찾기 어렵다는 것이다. 너무나도 모순적인 현상이지 않은가!

결혼 상대를 찾을 때도 그와 같은 현상이 일어난다. 이상적인 배우자를 찾겠다는 의지가 강하면 자신이 이상적이라고 생각하는 조건 이외에는 관심을 두지 않게 된다. 결혼을 간절하게 바라면서, '연봉은 최소 8,000만 원 이상, 명문대를 나온 남자가 좋다'라거나 '함께 운동을 즐길 수 있는 여자가 좋고, 자녀는 두 명 정도 두고 싶다' 등 엄격한 조건을 가지고 자신이 그려놓은 이상형에 과도하게 집착하는 것이다. 자신이 예상하지 못한 부분에서 엄청난 매력을 가진 운명의 상대를 만날 수 있을지도 모르는데 말이다.

이러한 현상은 뇌과학에서 말하는 '주의 편향 Attentional Bias' **때문에 일어난다.**[36] 인간은 특정 대상에 신경을 쓰기 시작하면, 시야가 좁아져서 그것 외에는 눈에 들어오지 않는 경향이 있다. 눈앞에 코털이 삐져나온 사람이 있다면 무심코 그 코털만 바라보게 되는 것도 주의 편향 때문이다.

하고 싶은 일을 찾을 때도 주의 편향이 작동한다. 예를 들어 '음악과 관련된 일을 하고 싶어', '음악과 관련된 일이어야만 해'라고 생각하면, 뇌는 그에 대한 정보를 계속 수집하게 된다. 그러다 보면 결국 음악과 관련된 일을 할 수 있게 될 것만 같다.

하지만 그 사람이 하고 싶은 일이 정말 음악 분야에만 존재할까? 이 장의 도입부에서 했던 이야기를 다시 해보겠다. 인간에게는 누구나 하고 싶은 일을 통해서 얻고 싶은 긍정적인 감정이 있다. 그 감정을 충족시키는 모든 일이 당신이 정말로 하고 싶은 일이 될 수 있다.

음악과 관련된 일을 하고 싶어 하는 사람에게는 그 일을 통해서 충족하고 싶은 감정이 있을 것이다. **하지만 그 감정을 충족시키는 수단이 음악뿐인 것은 아니다.** 오히려 자신이 원하는 감정을 채워준다면 어떤 일이든 하고 싶은 일이 될 수 있다. 예를 들어 눈에 보이지 않는 무언가를 통해 인간의 감정을 표현하고 싶다는 마음에서 음악과 관련된 일을 하고 싶어 하는 것이라고 해보자. 그런 경우에는 음악뿐만 아니라 강연이나 연기 같은 일로도 원하는 감정을 얻을 수 있다. 그런데도 음악과 관련된 일만 고집하면 주의 편향이 과도하게 작동해 하고 싶은 일을 탐색하는 범위가 좁아진다.

예상치 못한 곳에서 하고 싶은 일을 발견할 수 있다

하고 싶은 일을 찾고야 말겠다는 의지를 낮추기 위해서는 어떻게 해야 할까? 우리는 '윈도쇼핑'에서 힌트를 얻을 수 있다.

쇼핑은 즐거운 일이다. 그런데 어떤 물건을 사겠다고 구체적으로 정한 후에 쇼핑을 하면, 좀처럼 마음에 드는 물건이 눈에 띄지 않는다. 예를 들어 빨간색 가방을 사야겠다고 생각하면 주의 편향이 작동해 빨간색 가방에 대한 정보만 머리에 들어오고 그 가방 외에는 눈에 들어오지 않는다. 그렇다 보니 빨간색 가방 옆에 놓인 근사한 파란색 가방은 보지 못한다.

반면, 윈도쇼핑이란 상품을 훑어보면서 돌아다니는 것으로, 실제로 물건을 살 생각이 없는 경우가 많다. 즉, 목적 없이 걸어다니는 것이지만, 그 덕분에 주의 편향이 작동하지 않아서 시야가 넓은 상태이다. 그러니 빨간색 가방이든 파란색 가방이든 모두 눈에 들어온다. 결국 마음에 드는 가방을 발견할 가능성이 높아지는 것이다.

나는 이러한 현상을 '윈도쇼핑 효과'라고 부른다. 많은 사람이 목적지(목표)로 가는 최단 거리를 따라가려고 한다. 하지만 오히려 샛길로 빠졌을 때 하고 싶은 일을 찾는 경우가 의외로 많다. 이른바 '자아를 찾는 여행'도 마찬가지다. 인도를 가든 세계 일주를 하든 여행을 통해 자아를 찾겠다고 굳게 마음먹으면 목적을 달성하기 더욱 어렵다. 오히려 아무런 계획 없이 관광차 들른 곳에서 문득 '나는 이런 게 적성에 맞아'라며 깨닫는 경우가 훨씬 많다.

옥스퍼드대학교University of Oxford가 발표한 '계획된 우연 이론 Planned Happenstance Theory'이 그러한 현상을 뒷받침한다.[37] 일에서 행복을 느끼는 사람들을 대상으로 조사한 결과, 자신이 그려 놓았던 커리어 계획과는 상관없이, 대부분 우연히 그 일을 만났다는 사실을 알 수 있었던 것이다.

행복해지기 위해 능력보다 중요한 것

이런 경향이 있다는 정도로만 기억해두기 바라는 것이 있다. 의식(논리)을 통해 찾으려고 노력하면 시야가 좁아지고, 감각을 통해 찾으려고 하면 시야가 넓어진다는 것이다. 예를 들어 눈앞의 멋진 풍경을 바라볼 때 아마도 한곳에 시야를 집중하지 않고 전체 풍경을 볼 것이다. 이때 인간은 감각이 발동해 시야가 넓어지고 정보를 많이 얻을 수 있다. 반대로 논리적으로 따질 때 시야는 좁아진다. 머리가 좋고 논리적인 사람은 의식적으로 노력하지 않으면 감각이 발동하기 어렵다.

하지만 걱정할 필요는 없다. 평소에는 논리적인 사람이라도 좋아하는 일을 하는 동안에는 자연스럽게 감각이 발동하기 때문이다. 다만 그런 경우에도 자신의 감정에 초점을 맞추는 것이 중요하다. 그렇게 하지 않으면, 아무리 많은 정보를 얻어도 그중에서 무엇이 하고 싶은 일로 이어질지 판단하지 못해서 흘려보내고 말 것이다. 반대로 말하면, 자신의 감정만 잘 이해하면 어떤 경험이든 자신이 하고 싶은 일을 찾는 데에 이용할 수 있다는 것이다.

가령 축구를 좋아하는 사람이 있다면 왜 축구를 좋아하는지, 왜 야구는 좋아하지 않는지 생각해보자. 나의 고객 중에는 타순을 기다리는 게 싫어서 야구는 좋아하지 않는다고 말한 사람이 있었다. 그는 빠르게 진행되는 운동을 좋아해 농구와 축구를 더 선호했다. 그리고 과거를 돌이켜보면 운동뿐 아니라 무슨 일이든 전개가 빠른 쪽을 좋아했다고 하면서 자신에 대한 이해를 넓혀나갔다. 놀이동산에서는 롤러코스터를 좋아했고, 서정적인 분위기의 영화를 보면 금방 졸리곤 했다. 일에서도 성과를 얻기까지 시간이 오래 걸리는 것은 싫었다.

이 고객의 경우와 조금 다르기는 하지만, 나에게도 비슷한 면이 있다. 과거 학술기관에서 연구직으로 일하다가 그만둔 이유 중 하나이기도 했다. 그 당시에는 몇 년에 걸쳐 한 가지 주제를 연구해도 그것이 사회에 환원되기까지 10년 이상 걸리는 경우가 허다했다. 처음에는 그런 부분을 신경 쓰지 않았지만, 연구 기간이 길어질수록 사람들을 기쁘게 하고 싶은데 그렇게 되기까지 오랜 시간이 걸리는 것에 답답함을 느꼈다. 물론 충분히 시간을 들여서 진행하는 연구에도 의미가 있으므로, 어느 한쪽이 좋거나 나쁜 것은 아니다. 다만 당사자가 그런 일을 좋아하는지 아닌지는 그 사람의 감정과도 관련이 있다.

중요한 이야기이므로 다시 한번 강조하겠다. **집중해야 할 대상은 일이 아니라 자신의 감정이다.** 자신의 감정을 자각하면서 매일을 살아간다면, 조금씩 그러나 확실하게 하고 싶은 일에 가까워질 것이다.

끝으로 나의 지인이 하고 싶은 일을 찾았던 이야기를 소개하며 이 장을 마치겠다. 원래 해외에서 은행원으로 일했던 남성인데 지금은 한 유치원의 유명한 선생님이다. 마술도 보여주고 춤도 잘 춰서 아이들에게 인기가 아주 좋다. 유치원 선생님이라는 천직을 마침내 찾은 것처럼 보인다.

은행원이던 시절의 그는 연봉은 높았지만 몸과 마음이 몹시 지쳐 있는 상태였다. 그가 원하는 감정을 은행 일로는 채울 수 없었다. 그러던 어느 날, 일손이 부족하다는 유치원에 스카우트 제의를 받았다. 일반적으로 생각하면 지금까지 하던 것과는 전혀 다른 일이기 때문에 '내가 할 수 있을까'라고 걱정하며 거절할 법한 순간이었다. 하지만 그는 자신이 다른 사람의 웃는 얼굴을 볼 때 행복하고, 누군가의 성장에 공헌하는 일을 좋아한다는 것을 알고 있었다. 따라서 유치원에서 하는 일이 자신이 원하는 감정을 충족해줄 수 있을 것이라고 직감했다.

그가 유치원 선생님이 된 것은 우연이었다. 하지만 그는 자신이 어떤 감정을 얻고 싶어 하는지 잘 알고 있었다. 그렇지 않더라면 우연히 찾아온 기회를 알아차리지도, 거머쥐지도 못했을 것이다.

사회적으로 성공하는 것, 행복하게 살아가는 것은 능력이 출중해서가 아니다. **자신의 재능, 특성, 가치관을 충분히 이해하고 있기 때문이다.** 그것이 가능한 사람이 자신만의 기준을 세우고, 하고 싶은 일을 통해 성공과 행복을 손에 넣을 수 있다.

하고 싶은 일을 찾기 '전' 체크리스트

☐ 자신이 원하는 감정을 모르고 있지는 않은가?

☐ '할 수 있을 것 같다!'라는 직감을 애써 억누르고 있지 않은가?

☐ 좋아하는 일이 아니라 잘하는 일을 우선으로 하고 있지 않은가?

☐ 사소한 위화감을 놓치고 있지 않은가?

☐ 세상의 평가를 기준으로 살아가고 있지 않은가?

☐ 이미 존재하는 직업에서만 하고 싶은 일을 찾고 있지 않은가?

☐ 조용한 열정을 간과하고 있지는 않은가?

☐ 다른 사람의 의견을 너무 많이 듣고 있지 않은가?

☐ 안전지대에서 벗어나기를 피하고 있지 않은가?

☐ 늘 같은 사람들만 만나고 있지 않은가?

☐ 자신에 대한 부정적인 내성 착각에 빠져 있지는 않은가?

☐ 샛길로 빠지는 것을 염두에 두고 있지 않은가?

CHAPTER 2

인생을 행복하게 만들어줄 천직, 라이프 워크

How to find what you want to do

생계를 위해
일하는 사람들

흥미로운 조사 결과 하나를 소개하겠다. 미국의 여론조사기관인 갤럽Gallup, Inc.은 세계 각국의 기업을 대상으로 직원들이 업무에 얼마나 열정을 가지고 있는지 조사했다. 그 결과 일본 기업에서는 열정이 넘치는 직원의 비율이 6퍼센트에 불과하다는 사실이 밝혀졌다.

이 수치는 미국의 32퍼센트에 비하면 현저히 낮은 수준이고, 조사 대상인 139개국 중에서 132위로 하위권에 속했다. 게다가 주변 사람들에게 불만을 늘어놓는 무기력한 직원이 24퍼센트, 의욕이 없는 직원은 72퍼센트에 달했다.[1] 즉, 일본인은 일에 대한 열정이 부족하고, 주변에 불만을 늘어놓으며, 의욕적인 모습을 찾기 어려운 편이다. 한마디로 표현하자면 활기 없이 일하고 있는 것이다.

일본 내각부에서도 국민을 대상으로 일을 하는 목적에 대해서 조사한 적이 있다.[2] 그 결과는 매우 충격적이었다([그림 2-1] 참고).

- '돈을 벌기 위해'라는 응답 → 51퍼센트
- '사회의 구성원으로서 의무를 다하기 위해'라는 응답

  → 14.7퍼센트
- '자신의 재능이나 능력을 발휘하기 위해'라는 응답 → 8.8퍼센트
- '삶의 보람을 찾기 위해'라는 응답 → 21.3퍼센트

조사 대상의 절반 이상이 '돈을 벌기 위해' 일을 한다는 사실이 밝혀졌다. 그러한 경향은 20, 30대 젊은이들에게서 두드러지게 나타났다.

돈을 벌기 위해 일하는 사람은 열정적으로 일하지 않는다. 그렇다면 일본인이 생각하는 일과 미국인이 생각하는 일, 둘 사이에는 어떤 차이가 있는 것일까? 여기서 주목해야 할 것은, 60세 이상의 고령자 중에서도 미국인의 절반에 가까운 사람들은 일에 몰두할 때 삶의 보람을 느낀다고 답한 조사 결과이다

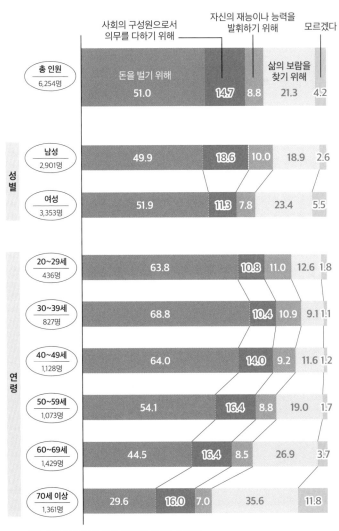

그림 2-1 일을 하는 목적은 무엇인가?

	돈을 벌기 위해	사회의 구성원으로서 의무를 다하기 위해	자신의 재능이나 능력을 발휘하기 위해	삶의 보람을 찾기 위해	모르겠다
총 인원 6,254명	51.0	14.7	8.8	21.3	4.2
남성 2,901명	49.9	18.6	10.0	18.9	2.6
여성 3,353명	51.9	11.3	7.8	23.4	5.5
20~29세 436명	63.8	10.8	11.0	12.6	1.8
30~39세 827명	68.8	10.4	10.9	9.1	1.1
40~49세 1,128명	64.0	14.0	9.2	11.6	1.2
50~59세 1,073명	54.1	16.4	8.8	19.0	1.7
60~69세 1,429명	44.5	16.4	8.5	26.9	3.7
70세 이상 1,361명	29.6	16.0	7.0	35.6	11.8

성별 / 연령

출처: 〈국민 생활에 관한 여론조사〉(일본 내각부, 2014년)

그림 2-2 삶의 보람을 느낄 때는 언제인가?

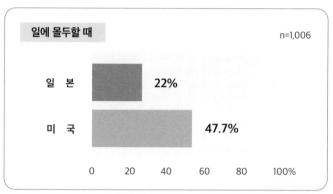

일에 몰두할 때   n=1,006

일 본   22%

미 국   47.7%

0   20   40   60   80   100%

출처: 〈제9회 고령자의 생활과 의식에 관한 조사〉(일본 내각부, 2021년)

([그림 2-2] 참고). 이 부분에서 일본인은 22퍼센트라는 낮은 수치를 기록했다. 일본 젊은이들의 직장에 대한 만족도는 미국보다 약 40퍼센트나 낮다고 한다.[3]

일의
세 가지 유형

'세 명의 석공 이야기'를 아는가? 어떤 사람이 일을 하고 있는 석공들에게 다가가 "당신은 지금 무슨 일을 하고 있습니까?"라고 묻자 다음과 같은 대답이 돌아왔다는 이야기다.

첫 번째 석공은 "명령에 따라 벽돌을 쌓고 있습니다"라고 대답했다.

두 번째 석공은 "벽돌을 쌓아서 담장을 만들고 있습니다"라고 대답했다.

세 번째 석공은 "사람들이 기도할 수 있는 대성당을 짓고 있습니다"라고 대답했다.

이 이야기는 '일'이라는 한 가지 표현에 여러 가지 의미가 담겨 있다는 점을 시사한다. 예일대학교Yale University의 연구에서도 일에는 세 가지 유형이 있다고 발표했다.[4] 바로 '직업Job', '커리어Career', '소명Calling'이다([그림 2-3] 참고). 이 세 가지에 속하지 않는 것은 '취미'라고 표현하겠다.

'직업'은 물질적인 이익을 얻는 수단으로서의 일이다. 일의 목적을 달성하는 것을 의식하지 않는 편으로, 돈을 벌기 위해 하는 일이 이에 해당한다. 앞서 소개한 조사 결과에서 일본인이 생각하는 일은 대부분 직업에 해당한다고 볼 수 있다.

'커리어'는 목적을 달성하거나, 직업인으로 성장하거나, 명

그림 2-3 인간의 활동 유형

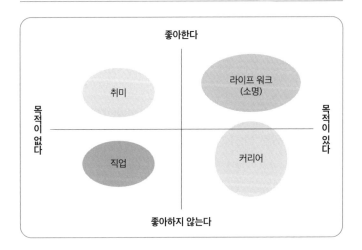

예를 얻는 등 성과를 올리거나 성장하기 위해 하는 일이다. 하는 일 자체를 좋아하면 소명이 되지만, 성과를 올리는 것만이 목적인 경우에는 상대적으로 좋아하는 마음은 적기 때문에 커리어로 분류한다. 즉, 커리어에 '좋아한다'는 감정이 더해지면 소명이 된다.

'소명'은 하늘이 정해준 일(역할)이라는 의미로, 진심으로 하고 싶은 일인 '천직'이라고도 표현하며 이 책에서는 '라이프 워크'라고도 한다. 목적과 보람이 있고 자신이 얻고 싶은 감정을 충족시키는 일, 평생 삶의 원동력이 되고, 그 일을 하는 동안에 감사, 기쁨, 설렘, 행복을 느낄 수 있는 활동을 가리킨다.

또한 소명에는 아주 넓은 의미부터 아주 좁은 의미까지 다양한 범위의 뜻이 있다. 예를 들어 콜로라도주립대학교Colorado State University의 브라이언 딕Bryan J. Dik 교수는 소명이란 '자신을 초월한 감각에 이끌려 그 일에 목적이나 의미를 느끼는 것'이라고 표현했다.[5] 보스턴대학교Boston University에서는 현대적인 의미의 소명에 대해 연구하면서 '목적을 알고, 그것을 하는 데 의미가 있다고 생각하는 일. 그렇게 느껴지는 일이라면 아무리 사소한 것이라도 소명이 될 수 있다'라고 정의했다.[6]

세 명의 석공 이야기로 돌아가자면, 첫 번째 석공은 직업, 두 번째 석공은 커리어, 세 번째 석공은 소명으로서 그 일을 하고 있다고 볼 수 있다. 그리고 이 책에서 말하는 하고 싶은 일은 '소명'을 뜻한다. 아무래도 '소명'이라는 표현은 익숙하지 않으므로, 이 책에서는 '하고 싶은 일', '라이프 워크'라고 표현하겠다.

라이프 워크의
다섯 가지 이점

단순히 돈을 벌기 위한 수단이 아니라 그 일을 하는 동안 고통스럽지도 않으며, 오히려 행복해지기 위해 반드시 필요한 활동. 그것이 바로 하고 싶은 일, '라이프 워크'이다.

당연한 말이지만, 많은 사람이 자신의 라이프 워크와 만날 수 있기를 바란다. 라이프 워크에 관련된 여러 연구가 진행되면서 최근 10년 동안 200건 이상의 논문이 발표되었다. 특히 라이프 워크의 이점을 보고하는 연구가 많았는데, 지금부터 라이프 워크의 대표적인 이점 다섯 가지를 소개하려고 한다.

❶ 행복도가 높아지고 스스로를 더욱 좋아하게 된다

라이프 워크를 실현하고 있는 사람은 행복도가 높고 자신의 일에 열정적이다.[7] 또한 자기긍정감이 높고 일을 잘하며 다른 사람이나 집단을 기꺼이 도우려고 한다. 긍정적인 감정을 자주 느끼고 일을 즐기는 경향도 있다.[8]

만약 하고 싶은 일을 분명하게 알고 목표를 향해 부지런히 나아가는 자신의 모습을 떠올릴 수 있다면 어떤 기분이 들까? 자연스럽게 기분이 좋아지는 자신을 발견할 수 있을 것이다. 아무리 사소하더라도 하고 싶은 일과 목표가 있으면 우리 뇌의 전전두피질은 활성화된다.

이 책의 독자 중에는 자기긍정감이 낮은 사람도 있겠지만, 의외로 자신이 무엇을 하고 싶은지를 이해하는 과정에서 자기 자신을 좋아하게 될 만한 힌트를 얻을 수도 있다. 나를 찾아온 고객 중에도 자신이 하고 싶은 일을 찾은 후에 높아진 자기긍정감으로 분위기가 완전히 바뀐 사람들이 꽤 많다. 마치 다른 사람이 된 것 같아 놀란 적이 여러 번 있었다.

❷ 수입이 늘어난다

행복도가 높아지면 뇌의 기능도 향상된다. 워릭대학교University of Warwick의 연구에 따르면 행복도는 업무의 생산성을 12퍼센트까지도 증가시킨다고 한다. 또 다른 연구에서도 행복도가 업무의 생산성을 31퍼센트, 창의성을 300퍼센트 증가시킨다고 보고했다.

우리가 행복하다고 느낄 때 뇌에서는 '세로토닌'이라는 호르몬이 분비된다. 그러면 불안에는 무뎌지고 집중력은 높아져서 안정적으로 능력을 발휘하는 효과를 기대할 수 있다.[9] 그렇기 때문에 라이프 워크를 실현하는 사람은 그렇지 않은 사람에 비해 많은 돈을 벌거나 더 높은 지위나 명예를 얻으며 결근 일수가 적다는 사실이 연구를 통해 밝혀졌다.[10]

❸ 어려움을 극복하는 힘이 생긴다

라이프 워크는 새로운 일에 도전하는 능력과 관련이 있다.[11] 다르게 표현하자면, 라이프 워크를 실현하고 있는 사람은 어려움을 극복하는 능력이 발달하는 것이다.

라이프 워크는 인생을 관통하는 '축'과 같은 것이다. 자신을 행복하게 하는 것, 자신이 좋아하는 것(또는 싫어하는 것)이 의사 결정의 기준이 되기 때문에 외부 자극에 흔들리지 않는 사람이 될 수 있다. 설령 고난이 닥치더라도 그것이 라이프 워크와 관련된 일이라면 쉽게 포기하지 않는다. 필요하다면 어려움도 기꺼이 받아들이게 되는 것이다.

❹ 뇌와 신체의 노화를 늦출 수 있다

노화는 스트레스에 크게 영향을 받는다. 즉, 스트레스로 가득 찬 생활을 하는 사람은 빨리 늙는다. 반면 라이프 워크를 충실하게 실현하고 있는 사람들은 생기가 넘친다는 공통점이 있다. 뇌가 건강하면 신진대사도 원활하고 피부 결도 좋아진다. 즐겁게 일을 하는 사람이 활기차 보이는 것 역시 그 덕분이다.

좋아하는 일은 아무리 오래 해도 힘들지 않았던 경험이 누구에게나 있을 것이다. 일에서든 취미에서든 라이프 워크가 실현되고 있다면 육체 피로나 통증까지 덜 느끼게 된다는 연구 결과도 있다.[12] 다만 그렇다고 해서 무리해도 된다는 말은 아니므로, 아무리 좋아하는 일이라도 충분히 쉬어가면서 해야 한다.

| ❺ 인간적인 매력이 커지고 성공에 가까워진다

하고 싶은 일을 향해서 열정적으로 도전하는 모습은 인간적인 매력 중 하나로 꼽힌다. 그렇기 때문에 라이프 워크를 충실하게 실현하고 있는 사람은 많은 이에게 사랑받으며 이상적인 배우자를 찾기도 쉬워진다. 쉽게 말해 인기가 있다.

이는 비단 사생활에만 해당되는 이야기가 아니다. 일할 때에도 비전을 가지고 노력하는 사람 주위에는 그것을 응원하는 사람들이 모여들기 마련이다. 실제로 하버드대학교Harvard University의 연구에서도, 행복한 사람 주위에는 행복한 사람들이 모이고, 불행한 사람 주위에는 불행한 사람의 비율이 높다는 사실이 밝혀졌다.[13]

자신의 힘만으로 큰 업적을 이뤄내는 사람은 거의 없다. 끝내 성공을 거두는 것은 많은 사람의 지지를 얻는 사람, 사람을 끌어당기는 비전을 가진 사람이다. 나는 성공한 사람들이 공통적으로 경험하는 '몰입 상태(눈앞의 일에 몰두해 물 흐르듯 원활하게 진행해나가는 상태)'에 대해 연구하고 있다. 그 결과 라이프 워크를 실현하고 있는 사람은 몰입 상태에 빠질 수 있는 조건을 충족하고 있다는 것을 알 수 있었다.

라이프 워크에 대한
네 가지 오해

당신이 생각하는 '라이프 워크'란 어떤 모습인가?

'자신에게 잘 맞으면서 돈을 벌 수 있는 일'

'진심으로 좋아한다고 말할 수 있는 일'

'이득이나 손해와 상관없이 평생 하고 싶은 일'

라이프 워크의 형태도 한 가지가 아닌데, 종합하자면 '좋아하고 잘하는 것이면서 타인이나 사회에 공헌할 수 있는 일'이라는 정의가 일반적으로 떠오르는 이미지일 것이다.

하지만 앞서 소개한 조사 결과와 같이 미국인과 비교했을 때 일본인 중에는 라이프 워크를 실현하고 있는 사람이 적은 편이다. 그렇기 때문에 과학적으로 정의된 라이프 워크와 대부분의 일본인이 생각하는 라이프 워크 사이에는 어느 정도 차이가 있다고 볼 수 있다.

지금부터는 라이프 워크를 충실하게 실현하고 있는 사람의 예를 통해서 라이프 워크와 관련된 오해를 살펴보겠다.

❶ 자신을 위해서만 일한다

좋아하는 일, 하고 싶은 일을 직업으로 삼는 경우에는 아무래도 이기적인 관점에서 생각하기 쉽다. 하지만 라이프 워크는 자신을 위한 일일 뿐만 아니라 '타인'을 위한 일, '사회'를 위한 일이기도 하다. 왜냐하면 일의 본질은 '누군가의 문제를 해결하는 것'이기 때문이다. 즉, 원하는 사람이 없다면 일로서 성립되지 않는다.

타인을 위해서 일한다고 하면 자신을 희생해야 한다거나 행복으로부터 멀어지는 것이라고 생각하는 사람이 있다. 하지만 사실은 그 반대다. 행복도는 자신을 위해서 무언가를 할 때보다 타인을 위해서 행동할 때 더 높다는 것이 연구를 통해서 밝혀졌기 때문이다.

2007년 브리티시컬럼비아대학교 University of British Columbia 는 〈사이언스〉에 '수입을 자신을 위해서 사용할 때보다 타인을 위해서 사용할 때 행복도가 더 높아진다'라는 연구 결과를 발표했다.[14] 일도 마찬가지다. 타인을 위해서 일하거나 행동할 때 우리 뇌의 쾌락 중추인 보상계를 구성하는 미상핵과 측두핵이 더욱 활성화된다는 사실을 밝혀낸 연구도 있다.[15]

이러한 현상이 일어나는 데 관여하는 것이 '거울 뉴런'이다. 제1장에서 인간이 상대방을 볼 때 거울 뉴런이 작동해 무의식적으로 뇌 안에서 상대방의 동작을 흉내 낸다고 했다. 거울 뉴런의 작동 원리에서 이타적인 행동을 하는 것이 왜 우리에게 좋은지 그 이유를 찾을 수 있다.

자신을 위한 행동을 통해 얻을 수 있는 행복의 총량이 100이라고 하자. 그러면 아무리 노력해도 그 행동이 자신만을 위한 것인 이상 행복의 총량은 100 이상이 될 수 없다. 하지만 눈앞에 있는 누군가를 100만큼 행복하게 해줄 수 있다면, 거울 뉴런의 작동으로 자신에게도 100만큼의 행복이 추가되므로 행복의 총량은 200이 된다.

그 상대가 10명, 100명으로 늘어난다면 어떨까? 자신이 행복하게 만들어주는 사람이 늘어날수록 자신이 느끼는 행복도 함께 늘어난다. 앞서 설명했듯이 행복도가 높아지면 생산성과

창의성이 향상되므로 하는 일도 잘 풀릴 것이다.

나 역시 그런 경험을 한 적이 있다. 과거의 나는 자신을 위해서만 일하는 이기적인 사람이었다. 자신만 생각하는 것은 제1장에서 다뤘듯이 시야가 좁아지는 원인이 된다. 대학이나 연구소에서 했던 일도 재미는 있었지만 문득 무언가 충족되지 않는다는 생각이 들고는 했다. 대학을 졸업한 후에는 국가 공무원으로 일했다. 그때도 분명 재미있기는 했지만 무언가 부족하다는 생각은 여전했다.

지금에 와서 돌이켜보면, 그것은 어쩌면 당연한 일이었는지도 모른다. 당시 내 머릿속은 나의 지위, 명예, 사회적인 성공에 대한 생각으로 가득 차 있었기 때문이다. 하지만 큰 병을 앓으며 아내에게 의지했던 경험이 나를 바꿔놓았다. 3년 반의 투병 생활을 거친 후에 나는 삶의 방식을 바꿔서 '뇌 연구를 통해 사람들을 행복하게 해주는 일'을 시작했다. 강연회, 기업 강의 등 교육 현장에서 사람들의 웃는 얼굴을 볼 때마다 행복해졌다. 그 결과 예전과는 비교할 수 없을 정도로 나 자신의 행복도도 높아졌다.

나는 투병 생활을 통해 '자신을 위해'에서 '타인을 위해'로 생각을 바꿔 좁은 시야에서 벗어날 수 있었다. 그리고 이 책은 나와 같은 경험을 하지 않고도 많은 사람이 자신의 생각을 바꿀 수 있도록 만들어졌다.

물론 많은 사람이 그렇듯 '가족을 위해' 일하는 것 역시 행복도를 높여주기는 한다. 다만 가족뿐만 아니라 더 넓은 범위의 타인을 위해 일할 수 있다면 행복의 총량은 훨씬 더 늘어날 것이다. 예를 들어 친구, 직장 동료, 개발 도상국의 사람들, 미래의 어린이들과 같이 다양한 사람들을 행복하게 할 수 있는 일일수록 행복도는 높아진다.

❷ 취미는 라이프 워크가 될 수 없다

취미를 통해 라이프 워크를 실현할 수 있다면 좋겠지만, 취미는 어디까지나 재미를 위한 것일 뿐 일이 될 수는 없다고 생각하는 사람도 많은 듯하다. 실제로 책이나 인터넷상에서도 좋아하는 일은 직업으로 삼지 않는 편이 좋다는 주장을 자주 볼 수 있다.

누구나 재미있어하는 퍼즐 게임을 하는 데에 보상을 주면 오히려 퍼즐을 풀려는 의욕이 떨어진다는 연구 결과에서도 알 수 있듯이, 오직 돈을 벌기 위해서 좋아하는 일을 한다면 그에 따르는 부정적인 측면도 있다.

반면에 좋아하는 일을 돈으로 바꾸려 하지 않고, 순수하게 그 일을 통해서 다른 사람에게 공헌하려고 했을 때는 의욕을 잃지 않을 뿐더러 성공하기가 더 쉽다는 것을 나는 경험을 통해 알 수 있었다.

나의 강연회에 참석했던 LCA 국제 학원(LCA 국제 초등학교와 영어 몰입 교육 기관인 LCA 국제 프리스쿨로 구성된 기관-옮긴이)의 야마구치 노리오山口紀生 이사장은, 과거에 초등학교 선생님으로 일했지만 의무 교육 시스템이 자신과 맞지 않다고 판단해 학교를 그만두고 아르바이트만 하면서 지낸 적이 있었다고 한다. 공원에서 멍하니 시간을 보내기도 했는데, 그럴 때 아이들에게 재미있는 놀이를 알려주는 것이 취미였다. 함께 돌을 차면서 놀기도 하고 자전거를 타거나 낚시도 했는데, 그렇다 보니 공원에 모이는 아이들이 하나둘 늘어나고 그 아이들의 성적이 오르면서, 부모들로부터 공부방을 열어달라는 요청을 받기 시작했다.

그래서 놀이를 알려주는 공부방을 만들자 그 후에는 유치원을 만들어달라거나, 초등학교를 만들어달라는 요청이 쇄도했고, 거기에 응하다 보니 약 7년 만에 많은 사람의 지원을 받아 총 대지 면적이 7,000제곱미터를 넘는 큰 학원이 만들어졌다. 처음에는 취미로 시작했지만, 그 취미가 사회의 요구와 맞아떨어지는 순간 일로 바뀌게 된 것이다.

모든 취미가 일이 될 수 있다고 단언하기는 어렵지만, 적어도 취미가 일이 되는 것도 충분히 가능하다는 것은 사실이다.

❸ 라이프 워크는 한 가지뿐이다

제1장에서 유명해지는 것이 꿈이라고 하는 아이들에 대해 이야기했다. 꿈이란 직업이어야 한다는 생각에 매몰되면, 그 직업을 통해 자신이 얻고 싶은 감정이 무엇인지는 간과할 가능성이 높아진다. 그러면 유명인이 되더라도 일이 자신과 맞지 않다는 고민에 빠지게 된다는 이야기였다.

그 후로 이어지는 이야기가 더 있다. 유명해지는 것이 꿈이던 아이는 프로 야구 선수나 아이돌처럼 유명한 사람이 되었고, 무사히 현역 생활을 마쳤다. 그리고 은퇴를 앞두고 있다고 가정하자. 그 사람은 은퇴 후에 어떤 일을 하려고 할까? 프로 야구나 연예계처럼 자신이 몸담았던 업계에서 계속 일하려 한다면 선택지는 매우 줄어들어서 직업을 얻기 어려울 것이다.

여기서 말하고 싶은 것은, 자신의 감정을 이해하고 있다면 한 가지 업계만 고집하지 않아도 되므로 라이프 워크의 선택지가 늘어난다는 것이다. 예를 들어 다음과 같이 생각한다고 해보자.

'사람들의 기운을 북돋아주는 일이 좋다'
'동료들과 힘을 모아 목표를 달성하는 데서 즐거움을 느낀다'

이 두 가지 감정 모두 한 가지 업계에 국한되지 않고 여러 분야에서 충족시킬 수 있는 요소이다.

이런 이야기를 하는 이유는 라이프 워크는 하나뿐이라거나, 라이프 워크를 정하고 나면 흔들리지 말고 그것만 추구해야 한다고 믿는 사람이 많기 때문이다. 좋게 말하면 성실한 것이고, 나쁘게 말하면 너무 고지식한 것이다. 그러한 믿음은 라이프 워크의 본질적인 의미와는 완전히 반대된다.

자신이 얻고 싶은 감정을 충족시키는 것은 무엇이든지 라이프 워크가 될 수 있으므로, 라이프 워크는 인생의 어느 시기에든 정할 수 있고, 여러 가지가 될 수도 있으며, 상황에 따라 바뀌어도 된다고 생각하는 것이 어떨까?

인간은 성장하는 존재다. 10년 후의 당신은 지금의 당신과는 다른 무대를 목표로 하고 있을지도 모른다. 시대도 변화한다. 코로나 바이러스의 영향으로 재택 근무를 활용하는 새로운 직업이 생겼듯이, 일의 내용과 방식 모두 시대와 함께 변한다.

당신과 당신 주변의 환경은 계속해서 바뀐다. 그러니 라이프 워크 역시 계속 바뀌어도 괜찮은 것이다. 이런 상황에서 라이프 워크는 한 가지뿐이라고 믿는다면 주의 편향이 작동해 수많은 라이프 워크의 후보와 만날 기회를 차단할지도 모른다.

무엇보다도 라이프 워크는 여러 가지가 될 수 있다는 것을 알면 그것을 찾는 과정이 즐거워진다. 뭐가 되었든 하나만 골라야 한다고 정해지면 뇌는 답답함을 느낀다. 인간은 언제나 자유의 확장을 원하기 때문이다. 그렇게 생각하면 라이프 워크를 찾는 일도 가벼운 마음으로 할 수 있게 된다.

❹ '일'의 형태여야 한다

라이프 워크가 이 정도로 광범위하게 정의되는 것이라면 반드시 일이어야 할 필요도 없는 것 아닐까? 라이프 워크는 직업이어야 한다는 생각 역시 자주 하는 오해이다. '워크Work(일, 직업)'라는 표현 때문에 오해하기 쉬운데, 라이프 워크는 일에만 국한되지 않는다.

자신이 얻고 싶은 감정을 충족시키기 위한 수단은 온 정신을 몰두할 수 있는 것이라면 일이든 취미든 봉사활동이든 상관없다. 라이프 워크의 범위는 그렇게 좁지 않다. 또한 라이프 워크를 일, 취미, 일상 생활을 모두 아우르는 '생활 양식' 전반에서 실현하는 유형도 있다.

내가 만났던 고객 중 한 사람의 예를 소개하겠다. 그는 미용사라는 자신의 일을 좋아했지만, 동시에 자연을 소중히 여기며, 도시 생활에 불편함을 느끼는 사람이었다. 결국 그러한 불편함을 해소하기 위해 그는 생활 양식 전체를 바꾸기로 결심했다. 바다 가까이에 미용실을 개업한 것이다. 업무 시간에는 예전처럼 미용사로 일하고, 업무 외 시간에는 바다에 나가 서핑을 즐기는 삶을 살게 되었다.

그가 얻고 싶었던 감정을 미용사라는 직업으로만 충족시키 기는 어려웠을 것이다. 성실한 사람일수록 라이프 워크는 일 이어야만 한다는 생각에 빠지기 쉽다. 반면에 일이라는 수단 을 통해서만 행복해질 수 있다고 생각하면 마음이 갑갑해지는 사람도 있을 것이다.

오해를 막기 위해 설명하자면, 라이프 워크가 곧 일이라고 생각하는 사람을 부정하려는 것이 아니다. **그것은 뇌가 어떤 유형인지에 따라 결정된다**([그림 2-4] 참고). 라이프 워크란 일 그 자체이므로 일에서 행복을 느끼는 사람은 '목표 달성형'이다. 'doing', 즉 구체적인 꿈이나 목표를 달성하는 것에서 열정이 생기는 유형이다. 이 유형의 사람들은 구체적인 목표가 생기 면 물 만난 물고기처럼 활력이 넘친다.

한편 일을 포함한 생활 양식 전체를 충실하게 하는 데에서 행복을 느끼는 사람은 '과정 중시형'이다. 'being', 즉 '나는 어 떤 존재이고 싶은가'에 초점을 맞춘다. 이 유형의 사람들은 목 표를 세우면 왠지 갑갑하다고 느낀다. 반면에 눈앞의 일을 즐 기다 보니 어느새 그 일이 사업으로 확장되어서 성공하는 경 우가 많다. 90쪽의 '오해 ❷'에서 소개한 예시와 같이, 취미가 일이 되는 유형이다. 과정 중시형에게는 일이 인생의 전부가

그림 2-4   '목표 달성형'과 '과정 중시형'

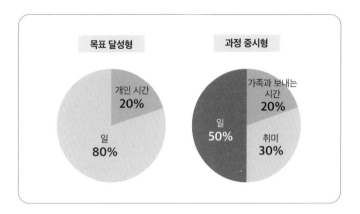

아니다. 일은 어디까지나 '행복하게 살아가기 위한 수단' 중 하나일 뿐이다.

　　독자들이 이 책을 통해 이루기를 바라는 최종 목표는 '하고 싶은 일을 통해 자신이 얻고 싶은 감정을 충족시켜서 행복한 인생을 사는 것'이다. 그럴 수만 있다면 수단은 일이 되었든 취미가 되었든 봉사활동이 되었든 아무 상관없다. 그러니 하고 싶은 일을 찾는 과정을 조금 더 넓은 의미로 이해해주기 바란다.

자신이 무엇을 좋아하는지
아는 것이 중요한 이유

그럼 지금까지 다룬 내용 중 핵심을 복습해보자.

- 라이프 워크(하고 싶은 일)를 찾는 과정에서 중요한 것은 일(또는 취미) 그 자체가 아니라 그것들을 통해 '충족하고 싶은 감정'이다.
- 많은 사람이 수단과 목적의 우선순위를 반대로 두고 있다.
- 자신이 얻고 싶은 감정이 명확해지면, 라이프 워크를 찾는 데 필요한 단서를 얻을 수 있다.
- 라이프 워크가 곧 일인 경우도 있다. 또는 라이프 워크를 취미, 봉사활동, 일을 아우르는 생활 양식 전반에서 실현하는 경우도 있다.

그렇다면 자신이 어떤 감정을 충족시키고 싶은지 알아내려면 어떻게 해야 할까? 자신을 이해하기 위한 단서가 자신의 내면뿐만 아니라 외부에도 있다고 이야기하면 의아하게 생각하는 사람도 있을 것이다. 감정은 자신의 내면에 존재하기 때문에 사람들은 감정을 이해하고자 자신의 마음을 열심히 파고드는 이른바 '자아 찾기'를 하려고 한다. 하지만 인간에게는 일반적으로 내성 착각이라는 편향이 작동하기 때문에 좀처럼 자신의 감정을 정확하게 분석하기 어렵다.

나는 다양한 상담 경험과 연구를 통해, 자신의 감정을 충족시키는 요소는 자신의 외부에 있는 '정말 좋아하는 것'에 반드시 포함되어 있다는 사실을 세계 최초로 발견했다.

이직 상담을 위해 나를 찾아온 고객과 있었던 일을 소개하겠다. 그 고객은 영화 업계에 있는 사람이었다. 왜 그 일을 하게 됐는지 이유를 물었더니 예상을 벗어나는 전개에서 충격과 감동을 마주하는 순간이 좋기 때문이라고 답했다. 상담이 끝난 후 가볍게 대화를 나누었는데 스포츠 이야기가 나오자 그 고객은 스포츠도 무척 좋아한다고 했다. 그 이유를 물었더니 아무도 예상하지 못한 대역전극이 펼쳐지는 게 너무 좋다고 했다. 왠지 익숙한 대답이었다.

대화 주제는 좋아하는 선술집에 대한 이야기로 바뀌었다. "그 가게는 전혀 예상치 못한 요리가 나와서 재밌어요"라며 또

다시 '예상을 뛰어넘는다'는 의미의 표현을 사용했다.

그 순간 내게 온몸에 벼락을 맞은 듯한 전율이 일었다. 그 고객이 좋아하는 영화, 스포츠, 선술집은 전혀 접점이 없는 것처럼 보였다. 하지만 거기에서 찾을 수 있는 공통점은 '예상을 뛰어넘는 것을 접했을 때 느끼는 감동'이라는 감정으로, 그것이 그 사람을 설레게 하는 원천이었던 것이다. 따라서 '예상을 뛰어넘는 것을 접할 수 있는 일'이라면 그것이 영화 업계이든 스포츠 업계이든 요식 업계이든 상관없이, 그는 어디에서든 행복을 느낄 수 있을 것이다.

이렇듯 마음이 끌리는 대상으로부터 자신이 충족시키고 싶은 감정이 무엇인지 알아내는 것. 나는 요즘 이 새로운 원리를 주제로 강연회를 열기도 하고, 이 원리를 활용해 고객이 얻고 싶어 하는 감정을 분석해내고 그것을 바탕으로 라이프 워크를 찾는 일을 돕기도 한다.

실제 프로그램에서는 제삼자가 객관적으로 분석함으로써 정확하게 파악할 수 있도록 돕지만, 제3장부터는 가능한 한 혼자서도 실습해볼 수 있도록 실제로 사용 중인 자기 진단 프로그램을 이해하기 쉽게 수정한 버전을 소개하겠다.

CHAPTER 3

라이프 워크를 통해 충족하고 싶은 '감정'을 파악하라

How to
find
what you want
to do

자기 이해가
선행되어야 하는 이유

내가 진행하고 있는 프로그램에서 라이프 워크를 찾는 데 출발점이 되는 것은 '자기 이해'이다. 많은 사람이 하고 싶은 '일'에 주목하는데, 사실 직업에도 유행이 있기 때문에 일에만 주목하면 라이프 워크를 탐색하는 데 한계가 있다.

예를 들어 동영상을 업로드해 많은 광고 수익을 올리는 유튜버가 주목을 받던 시기가 있었다. 하지만 최근 들어 세계적인 흐름은 틱톡TikTok과 같은 숏폼 위주로 변화하고 있다. 운영시스템이 변경되는 등의 이유로 광고 수익이 줄어들어 유튜버는 예전만큼 돈을 많이 벌지 못한다고 여겨지기도 한다.

한편 식음료 업계에서는 카스텔라 전문점, 고급 식빵 전문점, 팬케이크 전문점 등이 일시적으로 인기를 끌기도 했지만, 결국 유행은 끝났고 현재는 대부분의 가게가 문을 닫았다.

'앞으로 무엇을 하고 싶은가?', '이루고 싶은 것은 무엇인가?', '어떤 존재이고 싶은가?', '무엇을 좋아하는가?', '어떤 강점이 있는가?', '어디에 재능이 있는가?' 등 변화가 급격하게 일어나는 시대인만큼 이러한 질문을 통해 자신의 진심에 귀를 기울여 '자신의 본질(정체성)'을 알 필요가 있다. 그것이 바로 자신의 축이 된다.

지금으로부터 2,600년 전, 중국의 사상가 노자는 다음과 같은 말을 남겼다.[1]

'타인을 아는 자는 지혜롭고, 자신을 아는 자는 명철하다.'

일본에서 경영의 신으로 불리는 마쓰시타 고노스케松下幸之助도 '일단 자신부터 알라'라고 했다.[2] 자신을 이해하는 것의 중요성은 고대 아리스토텔레스의 시대부터 지금까지 계속 강조되고 있다. 그만큼 자신을 아는 것은 중요하기 때문일 것이다. 성공하는 사업가는 자기 이해 능력이 뛰어나다는 연구 결과가 있을 정도다.[3]

물론 세상에는 자신에 대해 탐구해본 적이 없는데도 운 좋게 이상적인 라이프 워크와 만나는 사람이 있다. 하지만 그러한 경우는 우연이 작용한 것이므로 누구나 따라하기는 어려운 것이 사실이다.

인생이 잘 풀리는 사람들에 대해 연구하면서 라이프 워크를 찾는 과정은 제각각 다르지만 그 바탕에는 본질적인 공통점이 있다는 것을 알 수 있었다. 바로 자신의 본질을 이해하면 라이프 워크의 전체상이나 일부가 분명하게 보인다는 사실이다. 그런 상태에서 시대적 요구나 사회 정세 등이 합쳐지면 하고 싶은 일, 즉 '라이프 워크'의 형태가 당신 앞에 모습을 드러낼 것이다.

라이프 워크의
구조를 파악하자

지금부터 라이프 워크를 찾기 위한 실습을 해보자. 그 전에 라이프 워크의 전체 구조부터 소개하겠다. 내가 생각하는 라이프 워크의 구조는 피라미드 모양이다(그림 3-1 참고).

 라이프 워크의 구조는 가장 아래에 얻고 싶은 감정과 그 감정을 충족시키는 동사, 즉 이 장에서 다룰 '라이프 워크의 원석'이 있고, 그 위에 제4장에서 다룰 '개성'과 제5장에서 다룰 '재능'이 위치한다. 각 요소는 라이프 워크의 방향성을 분명하게 만들어주기 때문에 중요하다. 이것들이 충족된 곳에 그 사람의 하고 싶은 일, 즉 '라이프 워크'가 있다.

그림 3-1 라이프 워크의 구조

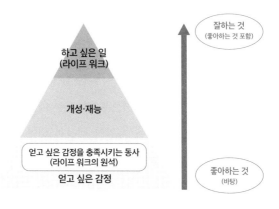

라이프 워크는 자신이 얻고 싶은 감정과 그 감정을 충족시키는 동사(라이프 워크의 원석)를 바탕으로 한다. 자세한 설명은 이후에 하겠지만, 이는 라이프 워크란 잘하는 것보다 좋아하는 것을 기반으로 한다는 뜻이다. 좋아하는 것에서 시작해 라이프 워크에 가까워지면 뇌가 활성화되어 능력을 충분히 발휘할 수 있다.

개성과 재능도 하고 싶은 일을 찾는 데 중요한 요소이다. 많은 사람이 개성과 재능 중 한 가지만 중시하며 일을 선택하는 경향이 있다. 하지만 그것은 위험한 행동이다. 제1장에서 소개한 회계사도 수학을 잘했지만 좋아하지는 않았다. 그러니까 회계사로서 일은 잘했지만 행복하지 않았던 것이다.

이렇듯 자신이 잘하는 것과 좋아하는 것이 일치하지 않는 경우가 있다. 우리에게는 잘하는 것이 눈에 더 잘 띄기 때문에 잘하는 것만을 고려해 자신의 방향성을 결정하기 쉽다. 그렇다 보니 좋아하는 것을 뒷전으로 하는 경우도 생긴다.

하지만 라이프 워크가 '얻고 싶은 감정'과 '얻고 싶은 감정을 충족시키는 동사'를 바탕으로 한 것일 때 만족스러운 인생으로 이어진다. 그에 더해 자신의 개성과 재능을 알면 라이프 워크의 방향성이 더 명확해진다.

그럼 지금부터 실습을 시작해보자. 라이프 워크를 찾는 것은 '자신이 어떤 감정을 충족시키고 싶은지 아는 것'에서 출발한다.

스물일곱 가지 감정을
이해하자

인간에게는 몇 가지 감정이 있을까? '희로애락'이라는 말이 있기는 하지만, 기쁨, 분노, 슬픔, 즐거움, 이렇게 네 가지 감정만으로는 인간이 가진 다양한 감정을 설명하기에 턱없이 부족하다.

캘리포니아대학교University of California의 연구팀은 감정의 종류를 스물일곱 가지라고 발표했다.[4] [그림 3-2]에 인간의 스물일곱 가지 감정을 정리했는데 그림의 위쪽에는 스물일곱 가지 감정을 모두 나열했고, 아래쪽에는 라이프 워크를 찾는 과정과 관련이 있는 감정, 관련이 없는 감정 두 가지로 분류해 나타냈다.

그림 3-2 인간의 스물일곱 가지 감정

존경 (Admiration)	황홀함 (Entertainment)
동경 (Adoration)	신남 (Excitement)
심미적 감상 (Aesthetic appreciation)	두려움 (Fear)
즐거움 (Amusement)	공포 (Horror)
분노 (Anger)	호기심 (Interest)
걱정 (Anxiety)	기쁨 (Joy)
경외감 (Awe)	그리움 (Nostalgia)
어색함 (Awkwardness)	안도 (Relief)
지루함 (Boredom)	사랑 (Romance)
차분함 (Calmness)	슬픔 (Sadness)
당혹 (Confusion)	만족 (Satisfaction)
간절함 (Craving)	성적 욕구 (Sexual desire)
역겨움 (Disgust)	놀람 (Surprise)
고통 (Pain)	

라이프 워크와 관련 있는 감정

긍정적인 감정		부정적인 감정	
심미적 감상	호기심	분노	두려움
즐거움	기쁨	걱정	공포
경외감	안도	어색함	슬픔
차분함	그리움	지루함	
간절함	만족	당혹	
황홀함	놀람	역겨움	
신남		고통	

라이프 워크와 관련 없는 감정

존경
동경
사랑
성적 욕구

감정은 인간을 긍정적으로 만드는 것과 부정적으로 만드는 것으로 나눌 수 있다. 라이프 워크를 통해 충족시키고 싶은 것은 물론 긍정적인 감정으로, 부정적인 감정을 추구하는 사람은 없을 것이다.

한편 부정적이라고 할 수는 없지만 라이프 워크와 연관 짓기 어려운 감정도 있다. 긍정적인 감정이라고 착각하기도 쉬운 감정으로 바로 '존경'과 '동경'이다.

제1장에서는 남들에게 멋있어 보이고 싶은 마음이나 누군가를 동경하는 마음으로 하고 싶은 일을 찾으려고 하면 잘 풀리지 않는 이유를 '자신에게 없는 것을 가지고 싶어 하기 때문'이라고 설명했다. '동경'에는 '진심으로 응원하는 마음'과 '자신에게는 없기 때문에 대단하다고 생각하는 마음' 두 종류가 있다. 진심으로 응원하는 마음은 긍정적인 감정이므로 라이프 워크로 이어질 수 있지만, 후자의 경우는 주의해야 한다.

또한 '사랑'과 '성적 욕구'는 인간의 근원적인 욕구로, 지구상의 거의 모든 사람이 가지고 있다. 이 감정들이 강한 경우에는 라이프 워크로 이어질 수도 있지만, 일반적으로는 자신만의 개성을 살린 라이프 워크로 이어지기는 어렵다고 본다.

라이프 워크를 통해
얻고 싶은 일곱 가지 감정

지금까지 만나본 5,000명 이상의 사람들을 분석한 결과를 바탕으로, 앞서 소개한 열세 가지 긍정적인 감정을 라이프 워크로 이어지는 감정(자신이 얻고 싶은 감정)으로서 다시 일곱 가지로 분류한 것이 [그림 3-3]이다. 어떤 활동을 했을 때 일곱 가지 감정 중 한 가지라도 충족된다면 그 활동을 통해 행복해질 수 있는 것이다.[5] '안심되다'라는 감정은 특히 일본인을 분석했을 때 자주 확인된 것으로, 이 책을 쓰면서 새로 추가한 감정이다.

지금 당신이 하는 일이나 취미 중에서 일곱 가지 감정 중 하나라도 충족되는 감정이 있는가? 만약 있다면 그것은 틀림

그림 3-3   라이프 워크로 이어지는 일곱 가지 감정

안심되다   좋다   재미있다

궁금하다   신나다   뿌듯하다   적합하다

없이 라이프 워크로 이어질 수 있는 활동 중 하나일 것이다. 왜
냐하면 이 일곱 가지 감정이야말로 당신이 일이나 취미를 통해
얻고 싶은 감정의 총집합이기 때문이다.

　일곱 가지 감정이 모두 충족된다면 가장 좋겠지만, 꼭 그럴
필요는 없다. 한 가지 감정을 확실하게 충족시키거나, 두세 가
지 감정을 어느 정도 충족시키는 일이라면, 그것은 당신을 행
복하게 해줄 라이프 워크일 가능성이 있다.

　한편 일곱 가지 감정을 나타낸 단어를 보고 사람마다 떠올
리는 이미지는 다를 수 있는데, 세세한 정의를 따져볼 것 없이
직감적으로 이해할 수 있으면 된다.

　각 감정들에 대해 보충 설명을 조금 하자면 '안심되다'는
뇌에서 분비되는 호르몬인 세로토닌에서 유래하는 편안한 감

정이다. '마음이 편안하다', '치유되다', '그리워하다' 등의 감정도 포함된다.

'좋다'는 어떤 대상에게 순수하게 매력을 느끼는 것으로, 이 감정이 강해지면 '정말 좋다', '참을 수 없다' 등의 감정으로 변화해간다. 정도에 차이는 있지만 무언가를 갖고 싶다고 바랄 때도 '좋다'라는 감정이 바탕이 되는 경우가 있다. 다만 자신에게 없는 것을 바라는 마음인 '동경'은 '좋다'와 비슷하다고 오해하기 쉬운데, 앞서 설명한 대로 긍정적인 감정과는 다르므로 주의해야 한다.

'재미있다'는 유머나 웃음 등 순수하게 즐거운 감정을 포함한 것으로 오락적인 요소가 강한 것을 의미한다.

'궁금하다'는 흥미를 느끼는 것으로, '좀 더 깊게 이해하고 싶다', '나의 세계를 넓히고 싶다'라는 지적 호기심을 느끼는 감정이다. 미용에서 양육, 비즈니스에서 예술, 스포츠 기술에서 삼라만상까지 자신이 알지 못하는 지식이나 사고방식, 비일상적인 세계를 알고 싶어 하는 마음을 포함한다.

'신난다'는 말 그대로 흥분을 느끼는 것이다. 기분이나 흥이 오르는 감각을 포함한다.

'뿌듯하다'는 다른 사람을 기쁘게 해주었을 때 느끼는 행복을 바탕으로 한다. 제2장에서 이야기했듯이 기쁨이나 만족감은 자신을 위해서가 아니라 타인을 위해서 행동했을 때 가장 크게 느낄 수 있다.

'적합하다'는 말 그대로 '자신에게 어울린다', '있는 그대로의 모습으로 존재할 수 있다'라는 느낌이다. '인간이나 사물, 자연 등 무언가와 연결되어 있다는 감각'이라고 표현하는 사람도 있다. 사람과 사람이 만났을 때 느끼는 편안함은 행복 호르몬이라 불리는 옥시토신에 유래하고, 이는 행복감과 깊은 관련이 있다.

어떤가? 우선 자신이 현재 일이나 취미 활동을 할 때 이 일곱 가지 감정을 느끼고 있는지 확인해보면, 라이프 워크에 대한 힌트를 발견할 수도 있을 것이다.

감정을 충족시키는 행동, 라이프 워크의 원석 찾기

▎일곱 가지 감정을 충족시키는 '특정 행동'

그럼 지금부터 실습을 시작해보자. 라이프 워크를 찾기 위해서는 앞서 소개한 일곱 가지 감정으로 이어지는 '특정 행동'을 알아내는 것이 중요하다. 왜냐하면 라이프 워크란 자신이 원하는 감정을 충족시키는 특정 행동 몇 가지가 모여서 만들어지기 때문이다.

예를 들어 내가 만났던 한 골프 선수의 라이프 워크였던 골프는 다음과 같은 일곱 가지 행동으로 이루어져 있다.

- 전략을 분석한다.
- 전체를 바라본다(부감하다).
- 예상할 수 없는 움직임을 읽는다.
- 팀이 아니라 혼자서 일한다.
- 서로 다른 무언가를 조합한다.
- 숫자를 다룬다.
- 새로운 장소의 분위기를 즐긴다.

이 골프 선수는 전략을 세우는 데 재미를 느꼈다. 그리고 전체를 바라볼 때 마음이 편안했고, 팀이 아니라 혼자서 움직이는 것이 자신에게 적합하다고 느꼈으며, 서로 다른 것을 조합할 때 신났다. 또한 숫자를 다루는 것을 좋아했으며, 새로운 장소에 갈 때마다 그곳의 분위기를 궁금해했다.

이 선수는 골프를 통해 일곱 가지 감정 중 여섯 가지 감정을 충족시킬 수 있었다. 그리고 이 여섯 가지 감정은 모두 골프를 할 때 필요한 특정 행동들을 통해 얻을 수 있었던 것이다. 이처럼 자신이 원하는 감정을 충족시키는 행동이 무엇인지 안다면, 자연스럽게 그것이 라이프 워크가 될 수 있는 것이다.

물론 이 선수가 여섯 가지 감정을 모두 충족시킬 수 있는 활동이 골프뿐인 것은 아니다. 골프 선수 외에도 테니스 선수나 항공기 조종사 그리고 의외로 전국을 돌아다니는 경영 컨설턴트도 라이프 워크가 될 가능성이 있다.

인간은 지금까지 자신이 접해본 것들 중에서 라이프 워크를 찾는데, 사실은 그 외에도 자신이 모르는 다양한 가능성이 존재한다. 결국 이 선수는 우연히 골프를 하게 된 것일 뿐, 골프 선수를 은퇴하더라도 골프 외에 다른 선택지는 얼마든지 있다는 의미다.

지금부터는 자신이 얻고 싶은 감정을 충족시키는 특정 행동을 '라이프 워크의 원석' 혹은 '동사'라고 표현하겠다. 원래 내가 진행하는 프로그램에서는 고객과 직접 만나서 이야기를 듣고 객관적으로 분석하지만, 이번에는 책을 통해 독자들이 직접 삶에 적용할 수 있는 실습을 새롭게 만들었다.

기대감으로 설레는 사람도 있을 텐데, 준비되었다면 [그림 3-4]의 단어 목록을 보면서 실습을 시작해보자. 펜이나 스마트폰 앱으로 메모할 준비를 한 후에 읽어보기 바란다.

여기서 주목해야 할 점은 '동사'이다. 나는 지금까지 5,000명이 넘는 사람들을 분석해오면서, 라이프 워크의 원석은 일흔일곱 가지 동사로 구성되어 있다는 것을 알 수 있었다.

다음은 보편적으로 쓰이는 동사 중에서 많은 사람의 뇌와 마음을 기쁘게 해주는 것들을 정리한 것이다. [그림 3-4]를 보고 일흔일곱 가지 동사를 확인한 후 목록을 참고해 ①단계부터 ③단계까지 차례대로 진행해보자.

▶ ① **단계**

일흔일곱 가지 동사 중에서 마음이 가는 것을 5분 동안 일곱 개에서 열 개 정도 골라보자(반드시 열 개를 골라야만 하는 건 아니지만 너무 적거나 많으면 파악하기 어려우므로 주의하기 바란다). 너무 오래 생각하지 말고 직관적으로 끌리는 것을 고르면 된다.

라이프 워크로 이어지는 일흔일곱 가지 동사

만들다	바라보다	돌아다니다
그리다(쓰다)	바꾸다	향상시키다
키우다	듣다	늘리다
전달하다	냄새 맡다	일으키다(부흥시키다)
모으다	맛보다	목표로 하다
배우다(탐구하다)	노래하다	느끼다(접하다)
작동시키다	정리하다	치유하다
알아내다(이해하다)	조종하다	조사하다
타다	조합하다(융합하다)	가라앉히다(억누르다)
가르치다	넓히다(늘리다)	연주하다(악기를 치다)

닦다	표현하다	엮다
씻다	되돌아보다 (재현하다, 상상하다)	촉구하다
계획하다	좁히다	밝혀내다(해명하다)
손으로 치다	이끌다	분석하다
발로 차다	북돋우다	단순하게 하다 (단축하다)
던지다	축하하다(선물하다)	비추다
구하다	칠하다	구축하다
이어지다(연결하다)	새기다	묻다(가설을 세우다)
방어하다(지키다)	페달을 밟다	불태우다
치료하다	다른 인물이 되다	연마하다(연구하다)
탐험하다	개척하다	쌓다
보내다	자르다(나누다)	촬영하다(남기다)
마시다	밝히다	선택하다
예측하다	읽다	뛰어넘다
협상하다	주다	따뜻하게 하다
응원하다	반복하다	

만들다, 정리하다, 조합하다, 느끼다, 이어지다,
치유하다, 키우다

▶ ② 단계

앞에서 고른 일곱 개에서 열 개의 동사에 각각 '목적어'를 붙여보자. 예를 들면 다음과 같다. '만들다'라는 동사를 골랐다면 빈칸에 어떤 단어가 들어갔을 때 마음이 끌리는지 생각해보자. '단순한 물건을 만들다', '세상에 없던 것을 만들다', '아이들이 좋아하는 것을 만들다', '작은 물건을 만들다' 등 자신의 기분이 조금이라도 좋아지는 표현이라면 무엇이든 가능하다. 왠지 마음이 즐거워지는 단어를 찾는 것이 중요하다.

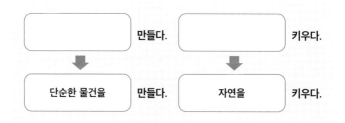

▶ ③ 단계

이제 자신이 고른 동사를 좋아하는 것부터 순서대로 나열하고, 가장 마지막에 '~인 일'이라는 표현으로 끝나도록 문장을 만들어보자. 즐겁고, 설레고, 안심이 되고, 재미있고, 마음에 와 닿는 문장으로 만드는 것이 중요하다. 다음과 같은 문장을 만든 사람이 있다고 해보자.

| 단순한 물건을 | 만들고, | 주변 환경이나 자신의 일을 | 정리하고, |

| 여러 가지를 | 조합하고, | 새로운 것을 | 느끼고, | 많은 사람과 |

연결되고, | 자연에 | 치유받고, | 마음을 | 키우는 일

어떤가? 이 문장을 읽으면 어렴풋하게나마 이 사람의 라이프 워크가 어떤 모습일지 보이는 것 같지 않은가?

최종적으로 이 사람이 하고 싶은 일의 후보는 약선藥膳에 관련된 일(전문가, 상품 판매점 경영, 이벤트 진행), 여성을 대상으로 하는 한방과 미용에 관련된 일, 친환경 화장품에 관련된 일로 좁혀졌다. 이것은 실제로 내가 담당했던 사례 중 하나인데, 이 실습만으로 라이프 워크의 방향성을 명확하게 할 수 있었다.

이것이 바로 일흔일곱 가지 동사가 가져다주는 눈부신 효과이다. 이 책은 직접 써보고 자신에 대해 깊이 생각해볼 때 변화가 일어나도록 구성되어 있으므로, 읽기만 해서는 성과를 얻기 어렵다. 그러니 직접 적으면서 실습해보기 바란다.

동사의 예시 1

열정을 불태우고, 경험해본 적 없는 세계의 다른 인물이

되고, 인간의 슬픔과 기쁨을 표현하고, 지금까지 쌓아온 기술을

향상시키고, 신뢰를 넓히고, 인생 경험을 쌓고, 사람의 마음을

따뜻하게 하는 일

라이프 워크 후보

연극, 배우, 각본가, 감독, 무대 연출 등(그 외에도 예술가, 음악가, 카

메라맨, 소설가, 상담가, 보험 영업 사원, 블로거 등 다수)

동사의 예시 2

시대의 흐름을 읽고, 여러 대상의 관계를 분석하고,

미래의 비전을 그리고, 고난을 극복했을 때의 성취감을 맛보고,

전국 방방곡곡을 돌아다니고, 최선의 후보를 선택하고,

고객의 성공을 축하하는 일

라이프 워크 후보

컨설턴트(비즈니스, 교육, 영업, 서비스, 인재 개발 등), 데이터 분석을

잘하는 스포츠 코치, 음악 자문 등

어떤가? 자신에 대해 실제로 적어보니 라이프 워크의 방향성이 자연스럽게 보이는 것 같지 않은가?

여기서 주의해야 할 점은 너무 진지하게 임하면 이성적으로 생각하게 되기 때문에 실제로 적어보면서 실습해도 진심으로 와닿지 않을 수 있다는 점이다.[6] 그런 경우에는 잠깐 쉬는 시간을 가지거나, 장소를 바꾸거나, 다른 날에 마음이 편안한 상태에서 다시 시도해보기 바란다. 방에 향초를 켜거나 좋아하는 음악을 틀어놓는 것도 좋다. 어떤 방법을 사용하든 마음이 편안하고 감각이 발동된 상태일 때 최적의 단어를 선택하는 경향이 있다.

라이프 워크의 원석을 얼마나 실행하고 있는지 채점하기

❘ 지금 라이프 워크를 실현하고 있는가?

또 한 가지 중요한 사실이 있다. 바로 라이프 워크를 찾기 위한 힌트는 현재 하고 있는 일이나 취미 생활, 자녀 양육과 같은 활동에 숨겨져 있을 수 있다는 것이다.

'실습 1'에서는 자신이 고른 동사를 이용해 문장을 만들었는데, 이번에는 그 동사를 현재 하는 일, 취미 생활 등에서 얼마나 실행하고 있는지 점수로 매겨보자. '충분히 실행하고 있다'는 ◎(3점), '실행하고 있다'는 ○(2점), '일부 실행하고 있다'

는 △(1점), '실행하고 있지 않다'는 ×(0점)이다([그림 3-5] 참고).

결과를 평가하는 기준은 자신이 고른 동사의 수에 따라 다르다. 동사를 70퍼센트 이상 실행하고 있다면(원석이 일곱 가지이면 15점 이상, 여덟 가지이면 17점 이상, 아홉 가지이면 19점 이상, 열 가지이면 21점 이상), 이미 라이프 워크를 실현하고 있다고 평가해도 좋을 것이다.

하지만 점수가 낮다고 해서 그 활동을 그만둘 필요는 없다. △와 ×의 원석을 ○와 ◎로 바꿀 수 있다면 라이프 워크에 가까워질 수 있기 때문이다.

다음의 [그림 3-5]에 나와 있는 일곱 가지 동사(122쪽 예시 사용)의 채점표는 내가 실제로 상담했던 외국계 제약회사의 여성 관리인의 사례다. 일곱 가지 동사만 보면 사람들의 건강과 관련이 있어서 제약회사의 일이 라이프 워크에 해당할 것이라고 예상할 수도 있다. 하지만 실제로 본인이 채점한 결과, ◎는 없었고 ○보다 △와 ×가 더 많았다.

당시에 이 여성이 겪고 있던 문제는 관리직이 된 후로 일이 재미없어졌다는 것이었다. 연구직으로 일하며 건강과 관련된 일을 할 때는 '여러 가지를 조합하다(새로운 물질을 만든다)', '새로운 것을 느끼다(매일 작은 발견을 한다)'와 같은 동사를 실행하는 날들을 보내며 행복감을 얻었다.

하지만 관리직이 된 후부터 연구와는 거리가 멀어졌고, 주

그림 3-5 라이프 워크의 원석 채점표

일이나 취미 활동에서 '동사'를 얼마나 실행하고 있는가?

◎ 3점 ○ 2점 △ 1점 × 0점

1 단순한 물건을 만든다.

2 주변 환경이나 자신의 일을 정리한다.

3 여러 가지를 조합한다.

4 새로운 것을 느낀다.

5 많은 사람과 연결된다.

6 자연에 치유받는다.

7 마음을 키운다.

실제 사례

일이나 취미 활동에서 '동사'를 얼마나 실행하고 있는가?

◎ 3점 ○ 2점 △ 1점 × 0점

1	단순한 물건을 만든다.	×
2	주변 환경이나 자신의 일을 정리한다.	×
3	여러 가지를 조합한다.	△
4	새로운 것을 느낀다.	○
5	많은 사람과 연결된다.	○
6	자연에 치유받는다.	×
7	마음을 키운다.	△

합계: 6점

로 직원들의 업무를 관리하는 일을 해야 했다. 그렇다 보니 두 가지 동사 외에 다른 것들은 실행하지 못하고 있다는 사실을 깨닫게 되었다.

나는 그녀에게 이렇게 질문했다.

"모든 원석을 실행할 수 있다면 어떤 일을 하고 싶나요?"

그러자 그녀는 잠깐 고민한 후에 다음과 같이 대답했다.

"저는 원래 서양의학보다 단순한 재료를 다루는 한방이 더 좋았어요."

사실 예전부터 자연 유래 성분으로 몸을 치유하는 데 관심이 있었고, 고등학교 때는 미용이나 한방 미용과 관련된 업계로 나가고 싶었다. 하지만 진학한 국립대학교에는 한방을 다루는 학과가 없었다. 그래서 할 수 없이 약학부에 진학했는데 약학부는 화학 물질을 취급하는 서양의학이 중심으로, 자연 유래 성분을 접할 기회가 없었다. 그래도 성적이 우수했으므로 졸업 후에 외국계 기업에 취직할 수 있었고, 일곱 가지 동사를 제대로 실행하지 못한 채로 현재에 이르게 된 것이었다.

나와 상담한 후에 그녀가 가장 먼저 한 일은 관리직을 그만두고 연구직으로 가고 싶다는 의사를 회사에 전달한 것이었다. 마침 자연 유래 성분을 취급하는 부서가 신설되어서 그곳으로 이동하기를 희망했다. 그리고 다행스럽게도 정해진 연수를 받은 후에 원하던 부서로 이동할 수 있었다. 몇 년 후에는 다른 기업에서 미용과 관련된 일을 하면서 매일을 충실하게 보냈다.

그때 그녀가 자신에 대해 알게 된 또 한 가지는 한방이나 허브에 대해 더 알고 싶고 경험해보고 싶다는 마음이었다. 결국 수많은 자연 의학 분야를 독학했고, 허브로 마음을 치유하는 허브 치료를 취미로 시작했다. 그 후에 결혼을 하면서 회사를 그만두고 취미를 발전시켜서 지금은 많은 고객이 찾는 찻집을 운영 중이다. 제약회사에 근무하던 때와는 완전히 다른 인생을 살게 된 것이다.

라이프 워크의 원석을 실행하는 네 가지 방법

앞선 사례를 통해 우리는 라이프 워크의 원석을 실행하는 방법에 대한 힌트를 얻을 수 있다. 지금부터 라이프 워크의 원석을 실행하는 네 가지 방법에 대해 살펴보자.

❶ 새로운 일을 시작한다

만약 자신이 선택한 동사를 모두 실행할 수 있는 일이나 취미를 찾았다면, 과감하게 현재 하는 일을 그만두고 새로운 활동을 시작하는 것도 한 가지 방법이다. 이직, 창업, 아르바이트 등으로 활동 자체를 바꿔봄으로써 자신의 새로운 모습과 숨겨진 가능성을 발견할 수도 있다. '이거다!' 하고 단언할 수 있는 일이라면 용기를 내어 도전해봐도 좋다.

나는 과거에 공무원과 연구원으로 일하며 국가에 소속돼 있었지만, 지금은 스스로 내 일을 만들고 있다. 어떻게 그럴 수 있었냐는 질문을 많이 받는데, 당시에는 '내가 하고 싶은 일은 바로 이것이다!'라는 확신이 있었다. 그럴 때는 과감하게 시도해보는 것이 예상치 못한 새로운 인생의 문을 열어주기도 한다.

하지만 갑자기 회사를 그만두는 게 망설여지거나, 지금까지 쌓아온 경력을 버리고 처음부터 시작하는 게 아깝게 느껴지거나, 변화에 두려움을 느끼는 사람도 있을 것이다. 뇌는 큰 변화에 공포를 느끼기 때문에 그런 반응이 나오는 것은 당연하다. 그렇다면 새로운 일을 시작할 준비가 될 때까지 다음의 세 가지 방법을 활용해보는 게 도움이 될 것이다.

❷ 일에 대한 관점을 바꾼다

이직, 독립, 창업과 같은 급격한 환경 변화를 일으키지 않고, 일하는 방식을 바꿈으로써 주체적으로 일에 대한 관점을 바꿔

보는 방법이다. **이러한 사고방식을 잡 크래프팅**Job Crafting**이라고 한다.**[7] 잡 크래프팅은 지금 하는 일에서 자신에게 적합하다는 느낌, 만족감, 의미를 다시 찾아내고 보람을 느낄 수 있도록 해준다.[8] 한 연구에 따르면 어떤 화학 공장에서 근무하는 직원 288명을 대상으로 잡 크래프팅을 시행한 결과, 업무 생산성이 향상되었다고 한다.[9]

미국 예일대학교 경영대학원 에이미 브제스니에프스키Amy Wrzesniewski 교수와 미시간대학교의 제인 E. 더턴Jane E. Dutton 교수의 연구에 따르면 잡 크래프팅에는 다음과 같은 세 가지 방법이 있다.[10]

▶ ① 업무 크래프팅

작업 방식에 변화를 주어 지금 하는 일을 잘 해내는 것을 목표로 하는 방법이다. 예를 들어 좋아하는 작업의 비율을 늘리는 것도 하나의 방법이다. 만약 그래프 그리기를 좋아한다면 발표 자료에 그림을 더 추가하는 식이다. 또한 다른 업무를 추가하거나 융합함으로써 업무를 확장시키면 일에서 즐거움을 더 느낄 수 있다.

▶ ② 인간관계 크래프팅

업무와 관련된 사람들과 의사소통하는 방식에 변화를 주어 좋은 관계를 구축하는 방법이다. 주체적으로 회사를 편안한 곳으로 만들어서 업무에 대한 만족도를 높이는 것이다.

▶ ③ 인지 크래프팅

일에 대한 기존의 생각을 재정립하고 재정의해 일에서 보람을 느낄 수 있도록 하는 방법이다. 예를 들어 영업직을 재정의해보자. 일반적으로 영업이라고 하면 '상품을 판매하는 일'이라고 생각하는데, 본질적인 의미를 생각해보면 '고객의 문제를 해결하는 일'이라고 볼 수도 있다. 이렇게 생각하면 고객의 요청에 수동적으로 대응하는 것에서 나아가, 고객에게 능동적으로 제안을 하는 컨설턴트의 역할까지 할 수 있게 된다. 이런 변화를 통해 영업직을 어려워하던 사람도 그 일에서 보람을 느낄 수 있다.

나를 찾아왔던 한 고객의 사례를 소개하겠다. 은행원이었던 그 남성은 은행 일에 크게 스트레스를 느끼는 편이었다. 나와의 상담을 통해 그의 원석을 찾아보니 교육에 관심이 많다는 것을 알 수 있었다.

은행원은 교육과 거리가 멀다고 생각할 수도 있지만, 사실은 그렇지 않았다. 그는 인재 육성을 담당하는 부서로 이동하는 것을 희망했고, 교육이라는 원석을 실행할 수 있는 환경에서 일하게 되었다.

| ❸ 부업을 한다

라이프 워크의 원석 중 어떻게 해도 본업에서 실행하기 어려운 동사가 있다면 부업을 통해 실행하는 것도 한 가지 방법이다. 예를 들어 지금 하는 일에는 정해진 과정을 따라야 하는 작업이 많아서 창의적인 측면을 발휘하기 어렵다면 부업에서 창의적인 일을 해보는 것이다.

설탕 공예로 세계적인 대회에서 우승한 다마카와 레이玉川玲는 평일에는 대기업 통신회사에서 근무하고, 부업으로 설탕 공예 교실을 운영하고 있다. 부업에서만 연간 100만 엔(약 910만 원) 정도 수입을 얻는다고 한다.

회사 규정상 부업은 가능했지만 그녀가 처음부터 부업을 생각한 것은 아니었다. 어떤 연예인의 결혼 케이크를 보고 설탕 공예에 매료되어 설탕 공예 수업을 들은 데서 시작되었다고 했다. 좋아하는 일을 계속하다 보니 대회에 나가 우승까지 하게 되었고 이제는 주말에 직접 강의를 하게 되었다.

이렇듯 부업으로 돈을 벌 수 있게 되면 부업이 본업으로 바뀌는 경우도 많다. 만약 다니고 있는 회사에서 부업을 반대하지 않는다면 본격적인 라이프 워크로 삼기 전에 부업을 통해 연습해보는 것도 좋은 방법이다.

┃ ❹ 생활 양식 전반에서 실행해본다

부업을 하는 것도 그다지 내키지 않고 돈을 벌기보다 순수하게 그 활동 자체를 즐기고 싶다면, 취미 같은 사생활을 포함한 생활 양식 전반에서 원석을 실행해보는 방법도 있다. 예를 들어 '노래하다'라는 원석이 있는 사람이라면 일에서는 거의 실행하기 어려울 것이다. 하지만 주말에 밴드나 합창단으로 활동하거나 다른 사람을 지도하는 등 노래하는 것과 관련된 일은 얼마든지 찾을 수 있다.

또한 여성 중에는 아이를 낳고 나서 일을 할 수 없게 되거나 일을 하는 데 제약이 생기는 경우가 있다. 요즘에는 부모님과 떨어져서 사는 가족이 많기 때문에, 혼자서 육아를 전담하느라 좋아하는 일을 할 시간을 내기 어렵다는 이야기도 들린다. 힘든 육아에 자신은 아이를 키우는 데 소질이 없다고 고민하는 사람도 있을 것이다. 한편 힘들어하면서도 육아를 즐기는 사람도 있다. 그 차이가 어디서 오는 것인지 조사해보니, 행복한 사람일수록 일뿐만 아니라 자녀 양육에서도 자신의 원석을 실행하고 있다는 사실을 알 수 있었다.

예를 들어 '조합하다'라는 원석을 가진 사람의 경우를 생각해보자. 자녀 양육에서 '조합하다'라는 원석을 실행하기 위해, '이 책과 이 책을 조합하면 아이의 언어 발달에 도움이 되지 않을까?', '악기 중에는 피아노를 배우고 운동 중에는 축구를 배우면 상승 효과가 있을지도 몰라'라고 고민해볼 수 있을 것이다. 이런 식으로 자녀 양육에서도 '조합하다'라는 원석을 실행해본다면 행복하다고 느껴지는 순간이 훨씬 많아질 것이다.

나의 아내도 아이를 키우면서 자신의 원석을 실행하는 사람 중 하나다. '사람들을 이어주는 것', '본질을 알려주는 것', '분위기를 밝게 만드는 것', '상대방이 예상치 못한 선물을 주는 것'이 그녀의 원석이다. 미래에는 사람과 관련된 다양한 일을 할 수 있을 거라고 믿지만, 현재는 자녀 양육을 통해 원석을 실행하고 있어서 충분히 행복하다고 한다. 즉, 우리는 일이 아니어도 자녀 양육이나 그 외 생활 전반의 다른 활동을 통해서도 충분히 원석을 실행할 수 있다는 것이다.

이렇듯 지금 자신이 하고 있는 활동을 재정의하면, 이미 라이프 워크 그 자체를 또는 라이프 워크의 일부를 실현하고 있다는 사실을 깨닫게 되기도 한다.

참고로 자녀가 성장해 더 이상 돌볼 필요가 없어져서 상실감을 느낀다는 사람이 있는데, 그것은 자녀 양육을 통해 실행하던 원석을 더 이상 실행할 방법이 없어졌기 때문이기도 하다. 따라서 자녀가 성인이 되었다면, 자녀 양육 이외의 활동이나 일에서 원석을 실행할 필요가 있다. 그러면 다시 충실하게 인생을 살 수 있을 것이다. 그렇게 되기 위해서라도 자신이 얻고 싶은 감정을 충족시키는 '라이프 워크의 원석'이 무엇인지 아는 것은 매우 중요하다.

비교하려거든 과거 혹은 미래의 자신과 비교하라

일을 하다 보면 '성과를 내라', '저 사람은 잘하는데 너는 왜 못하냐' 같은 비교하는 말을 들을 때가 있다. 그런 상황에서는 아무리 좋아하는 일이라도 결국 싫어하게 될 것이다.

인생이 잘 풀리는 사람과 그렇지 않은 사람의 차이 중 하나는 다른 사람과 자신을 비교하지 않는다는 것이다. 일이나 어떤 활동에 자신감을 가지고 매진하는 사람들을 인터뷰했더니 대부분이 '나는 나, 남은 남이니까 그다지 신경 쓰지 않는다'라고 답했다. 마이크로소프트Microsoft의 창업자인 빌 게이츠Bill Gates도 "자신을 이 세상 어느 누구와도 비교해서는 안 된다. 그것은 자기 자신을 모욕하는 행위다"라고 말했다.[11]

자신을 타인과 비교하면 실제보다 자신이 더 작게 느껴진다. 그러한 현상을 심리학 용어로 '비교 편향(대비 효과)'이라고 한다. '남의 떡이 더 커 보인다'라는 말처럼, 다른 사람을 부러워하는 것이다.[12]

그럼 다른 사람과 비교하지 않으려면 어떻게 해야 할까? 이 문제를 푸는 열쇠는 뇌에서 비교하는 대상이 누구인가에 달려 있다. 사실 인생이 잘 풀리는 사람일수록 '타인'이 아닌 '자기 자신'과 비교한다.

헐리우드 배우 매슈 매코너헤이Matthew McConaughey는 미국 아카데미상 시상식에서 영화 〈달라스 바이어스 클럽Dallas Buyers Club〉으로 남우주연상을 받았다. 무대 위에 올라 트로피를 건네받은 그는 다음과 같은 수상 소감을 전했다.

"나에게는 목표로 하는 존재가 있습니다. 바로 10년 후의 나 자신입니다. 나의 영웅은 언제나 10년 후에 있습니다. 아무리 따라잡으려고 애를 써도 나는 결코 그를 따라잡을 수 없습니다. 하지만 따라잡으려고 노력했기에 지금 이 자리에 설 수 있었습니다."

나는 이 말을 듣고 크게 감동받았다. 우리가 비교해야 하는 것은 타인이 아니라 바로 10년 후의 자기 자신. 10년 후의 자신과 비교했을 때 현재의 자신에게 무엇이 필요한지 생각해보는 것이 중요하다는 사실을 알 수 있었다. 반대로 10년 전의 자신과 비교한다면 지금 자신이 얼마나 성장했는지 확인할 수 있을 것이다.

'비교하려거든 과거의 자신이나 미래의 자신과!'

우연히 본 수상 소감이 나에게 이러한 메시지를 전해주었다.

CHAPTER 4

라이프 워크의 방향성을 정해주는 '개성'을 탐색하라

How to
find
what you want
to do

개성에 따라 달라지는 라이프 워크의 방향성

지금까지 라이프 워크를 찾기 위해 자신이 원하는 감정을 충족시키는 행동(라이프 워크의 원석)에 대해 살펴보았다. 이것만으로도 자신의 라이프 워크가 어떤 모습인지 어렴풋이 보이는 사람도 있겠지만, 또 한 가지 중요한 과정이 남아 있다. 바로 자신의 '개성'을 아는 것이다. 충족시키고 싶은 감정이 같더라도 각자의 개성에 따라 라이프 워크에 접근하는 방식이 달라지기 때문이다.

예를 들어 123쪽에서 예로 들었던 다음의 원석을 다시 살펴보자.

| 열정을 | 불태우고, | 경험해본 적 없는 세계의 | 다른 인물이 |

되고, 인간의 슬픔과 기쁨을 표현하고, 지금까지 쌓아온 기술을

향상시키고, 신뢰를 넓히고, 인생 경험을 쌓고, 사람의 마음을

따뜻하게 하는 일

가령 이 사람이 무언가를 표현하는 데 관심이 있다고 해보자. 그런 경우 이 사람이 어떤 개성을 가지고 있는지에 따라서, 다음과 같이 어떤 내용을 어떻게 표현하는지 달라진다.

- 논리적이다. → 전체 구성을 생각하는 연출가
- 감각적이다. → 연기하는 배우, 안무가

- 대상을 부정적으로 바라보는 것을 선호한다. → 사회 문제를 다루는 영화를 제작
- 대상을 긍정적으로 바라보는 것을 선호한다. → 평범한 일상의 소중함을 그리는 영화를 제작

- 혼자 있는 것을 좋아한다. → 블로거, 작가
- 다른 사람과 함께 있는 것을 좋아한다. → 상담가, 팀 플레이어

- 국내를 선호한다. → 우리나라의 역사를 주제로 하는 작품
- 외국을 선호한다. → 외국 문화를 도입한 작품

일하는 방식에서도 다음과 같은 차이가 발생한다.

- 남성과 대화하는 것이 편하다. → 남성 고객을 대상으로 하는 활동
- 여성과 대화하는 것이 편하다. → 여성 고객을 대상으로 하는 활동

- 자신이 결정하는 것을 좋아한다. → 개인 사업, 리더 역할을 하는 일
- 타인의 결정에 따르는 것을 좋아한다. → 조직에 소속, 팀 플레이어

- 개인에게 영향을 주고 싶다. → 소수의 사람과 대화하는 업무
- 사회에 영향을 주고 싶다. → 다수나 조직을 대상으로 하는 이벤트, 미디어 계열 업무

어떤가? 각자의 개성에 따라 라이프 워크에 접근하는 방식이 이렇게까지 달라진다는 사실이 놀랍지 않은가? 이렇듯 자신의 개성을 아는 것은 라이프 워크의 방향성을 정하는 데 매우 중요한 과정이다.

개성을 탐색하기 위한 일곱 가지 질문

▎ 자신이 선호하는 쪽을 골라보자

지금부터 자신의 개성에 대한 질문에 답하며 스스로에 대해 이해하는 시간을 가져보겠다. 다음의 일곱 가지 질문에 자신은 어떤 유형에 해당하는지 답해보기 바란다.

어느 쪽에 해당하는지 정하기 힘든 경우도 있겠지만, 망설여지더라도 너무 깊이 생각하지 말고 가능한 한 생각하는 시간을 줄여 직관적으로 둘 중 하나를 고르자. ⑤번과 ⑦번 질문은 여러 항목 중에서 좋아하는 것을 택하는 문제로 좋아하는 것이 여러 가지인 경우에는 모두 선택하면 된다.

질문① **쇼핑할 때 고민하는 편인가, 직감에 따르는 편인가?**

인간은 무언가를 판단할 때 사고를 최대한 활용하는 사람과 직감에 의존해 선택하는 사람으로 나뉜다. 둘 중 한쪽이 좋다거나 나쁘다고 볼 수 없으며, 그 방식 자체가 그 사람의 개성이다.

　새로운 물건을 사려는 경우, 가게 앞이나 인터넷 쇼핑몰에서 마음에 드는 제품을 발견했을 때 바로 사는 사람도 있고, 홈페이지나 카탈로그를 몇 개씩 살펴본 후에 가장 좋은 제품을 사는 사람도 있다. 제2장에서 다뤘던 '목표 달성형' 중에는 사고하는 것을 좋아하는 사람이 많고, '과정 중시형' 중에는 직감을 따르는 것을 선호하는 사람이 많다.

　여행을 가기 전에 계획부터 세우는 사람은 목표를 생각하는 것을 좋아하는 유형이라고 할 수 있다. 반대로 여행할 때는 계획 없이 발길 닿는 대로 다니는 것을 좋아하는 사람도 있는데, 직감에 따라 움직이고 과정을 즐기는 것을 선호하는 유형이다.

　당신은 어느 쪽에 해당하는가?

사고형 또는 직감형

질문 ② **긍정적인 편인가, 부정적인 편인가?**

인간은 대상의 긍정적인 측면에 초점을 두는 유형[1,2]과 부정적인 측면에 강하게 주목하는 유형[3]이 있다.

부정적인 측면에 주목하는 성질은 살아가는 데 왠지 도움이 안 될 것 같지만, 이러한 성질을 가진 사람은 문제를 다루는 것을 좋아하므로 의사, 변호사, 리스크 관리 업무 등 문제를 해결하는 일에서 두각을 드러내는 경우가 있다. 충분히 고민하고 진단을 내리는 것이 아니라 "별일 아니니까 걱정할 것 없어요"라고 말하는 의사는 환자를 걱정시킬 뿐만 아니라 의사로서 자격이 없다.

한편 긍정적인 측면에 주목하는 사람 중에는 과거보다 미래를 생각하는 미래지향적인 사람이 많다. 긍정적인 유형은 비전을 제시하며 직원들을 움직이게 하는 경영자나 상품 개발처럼 지금까지 세상에 없던 것을 만들어내는 일이 적성에 잘 맞다.

당신은 어느 쪽에 해당하는가?

긍정적인 유형 또는 부정적인 유형

질문 ③ **재충전할 때 혼자 있는 편인가, 누군가와 함께 있는 편인가?**

일이나 고민거리 때문에 마음이 지쳐서 기운을 되찾고 싶을 때, 당신은 혼자 있고 싶은가, 누군가와 함께 있고 싶은가? 혼자 있고 싶은 사람은 자신의 내면을 들여다보면서 기운을 되찾는 사람이다. 한편 누군가와 함께 있고 싶은 사람은 다른 사람의 감정, 말, 온기를 접함으로써 기운을 되찾는 사람이다. 그렇다 보니 팀을 이루어 일하거나 다 함께 앞으로 나아가는 데에서 기쁨을 느낀다.

혼자 있는 것을 선호하는 것은 왠지 어두운 성격처럼 보여서 바람직하지 않다는 인상을 주지만, 그런 사람일수록 뇌의 각성 수준이 높다는 사실이 연구를 통해 증명되었다. 레몬을 먹었을 때, 혼자 있기를 선호하는 사람은 다른 사람과 함께 있기를 선호하는 사람보다 침 분비량이 50퍼센트나 많다는 사실을 보여준 실험이 있었다.[4] 침이 많이 분비된다는 것은 작은 자극에도 뇌가 활발하게 반응한다는 것을 의미한다. 혼자 있을 때도 뇌가 활발하게 반응하기 때문에 누군가와 함께 있지 않아도 혼자서 즐거울 수 있다는 것이다.

당신은 어느 쪽에 해당하는가?
혼자 있는 유형 또는 집단으로 있는 유형

질문 ④ 국내 문화를 좋아하는가, 외국 문화를 좋아하는가?
국내 문화와 외국 문화 중 어느 쪽을 선호하는가? 영화, 음악,

소설, 애니메이션, 스포츠, 음식, 패션, 건축물, 축제 등에서 어느 쪽의 문화를 좋아하는지 생각해보자.

이를 통해 알 수 있는 것은 자신에게 어울리는 '안정과 자극'의 균형이다. 안정형인 사람은 익숙한 환경을 선호하는 경향이 있고, 불안정형인 사람은 안전한 영역 밖에 있어서 아직 접해보지 못한 자극을 추구하는 경향이 있다. 이것 역시 사람마다 선호하는 유형이 다르므로 어느 쪽이 좋고 어느 쪽은 나쁘다고 할 수 없다.

당신은 어느 쪽에 해당하는가?
안정형 또는 불안정형

질문⑤ 대하기 편한 상대는 아동, 성인, 고령자, 남성, 여성 중 어느 쪽인가?

당신은 어떤 사람들과 함께 활동할 때 즐거운가? 어떤 사람과 대화할 때 마음이 설레고 편안하며 다가가기 편하다고 느껴지는가? 세상에는 아이들과 함께할 때 즐거운 사람도 있고, 남성과 있을 때 활기가 생기는 사람도 있으며, 40대 여성의 미용이나 60대의 건강과 질병 치료에 관한 이야기라면 쉬지 않고 할 수 있는 사람도 있다. 사람마다 자신 있게 대할 수 있는 사람이나 분야가 다르므로 이 질문에 대한 대답은 한 가지여도 좋고 두 가지 이상이어도 좋다. 누구와 있어도 즐겁다는 대답도 가능하다.

지금까지 자신이 살아온 시간을 돌아보며 어떤 사람과 함께 있을 때 마음이 편했는지, 앞으로는 어떤 사람과 함께 활동하면 즐거울 것 같은지 생각해보기 바란다.

당신은 어느 쪽에 해당하는가?

아동, 성인, 고령자, 남성, 여성 또는 누구여도 괜찮다.

질문⑥ **마음이 편한 쪽은 사람들을 주도할 때인가, 타인을 따라갈 때인가?**

세상에는 자기 주도적으로 움직이는 것을 좋아하는 사람이 있다. 지시를 따르기보다 스스로 이끄는 쪽이 편한, 통제형에 해당하는 사람이다. 조직에 소속되는 것이 불편해 창업하거나 프리랜서로 일하는 것을 선호하고, 회사 안에서도 리더 위치에 있는 것을 좋아한다. 이런 성향의 사람은 조직에 소속되더라도 전국을 돌아다니며 자신의 성과에 따라 급여를 받는 일류 영업사원 중에서도 찾아볼 수 있다.

반대로 조직 안에 있으면서 다른 사람의 지시에 따르는 쪽이 쉽고 편하고 즐거운 사람도 있다. 고정된 수입을 얻을 수 있고 집단의 보호를 받는 환경에 있을 때 안심이 되는 사람으로 종속형에 해당한다. 자신은 어느 쪽인지 생각해보자.

당신은 어느 쪽에 해당하는가?

통제형 또는 종속형

질문 ⑦ 영향을 주고 싶은 대상은 개인, 집단, 지역 또는 사회 중 어느 쪽인가?

당신이 일이나 활동을 통해 영향을 주고 싶은 대상은 개인인가, 집단인가? 아니면 지역인가 사회인가? 나는 직업 특성상 교육 관계자와 만날 기회가 많은데, 같은 교사라고 해도 정말 다양한 부류의 사람들이 있다.

- 학생 하나하나의 고민을 듣고 문제를 해결해주는 전문가(개인)
- 학급 운영을 원활하게 해 모든 학생이 성취감을 느낄 수 있게 해주고 싶은 교사(집단)
- 보호자의 생각을 바꿔서 양육의 질을 높이는 활동에 종사하는 사람(지역)
- 새로운 의견을 제안해 사회의 구조를 바꿔나가는 교육위원이나 정치가(사회)

같은 교육 분야라고 해도, 그 사람이 영향을 주고 싶은 대상이 다르면 라이프 워크의 형태도 달라진다.

당신은 어느 쪽에 해당하는가?

개인 또는 집단 또는 지역 또는 사회

제3장과 제4장에서는 각각 '자신의 감정을 충족시키는 동사'와 '개성'에 대해 살펴보았다. 이제 어떤 라이프 워크가 자신에게 어울리는지 말로 표현해보자. 구체적인 직업이나 취미가 아니어도 괜찮다. '대체로 이런 방향이지 않을까?' 정도로만 답해도 좋다. '나의 감정을 충족시키는 일이나 취미는 무엇일까?'라고 스스로 질문하고 말로 표현하는 습관을 들이기 바란다.

나는 뇌에서 이루어지는 자신과의 대화인 '뇌 속 대화'에 대해서도 연구했는데, 일이 잘 풀리는 사람은 스스로 질문도 잘하고 성과도 잘 낸다는 것을 알 수 있었다.[5]

너무 진지하게 고민하면 뇌가 지쳐서 대답을 떠올리기 어려우므로[6,7] 장소를 바꾸거나, 커피를 마시거나, 반신욕을 하면서 몸과 마음의 긴장을 풀고 편안하게 생각해보기 바란다.

때로는 돈보다
더 큰 가치를 주는 일이 있다

좋아하는 일이었지만 막상 직업이 되니 싫어졌다고 하는 사람이 있다. 좋아하는 일을 직업으로 삼아도 계속 좋아할 수 있는 사람과 싫어하게 되는 사람. 둘 사이의 차이는 '보상에 대한 생각'이 다른 데에서 비롯된다. 이것은 라이프 워크를 실현하는 데 있어서 중요한 내용이므로, 유명한 실험을 통해서 설명하겠다.

미국의 저명한 교육학자인 에드워드 L. 데시Edward L. Deci 박사는 아동의 의욕을 높이는 실험을 시행했다.[8] 실험 대상인 아이들을 두 집단으로 나눠 한 집단의 아이들에게 당시에 유행하던 퍼즐을 나눠주었고, 아이들은 곧바로 몰입해 퍼즐을 풀기 시작했다. 일정 시간이 지난 후 아이들에게 "퍼즐을 중단하고 잠깐 쉬겠습니다"라고 이야기했다. 휴식 시간 동안에는 무엇이든 해도 좋다고 했는데, 아이들은 휴식 시간에도 퍼즐에 빠져서 계속 풀었다. 퍼즐이 너무 재미있어서 아이들의 의욕이 높았던 것이다.

데시 박사는 또 다른 집단의 아이들에게는 퍼즐을 풀면 1달러를 주겠다고 제안했다. 일반적으로 보상이 주어지면 의욕이 더 높아질 것이라고 추측한다. 하지만 결과는 정반대였다. 퍼즐을 풀었을 때 보상을 받은 집단의 아이들은 휴식 시간이 주어지자 퍼즐에는 눈길도 주지 않았다. 보상을 받지 않은 집단의 아이들에게는 퍼즐을 푸는 것 자체가 즐거움이었다면, 보상을 받은 집단의 아이들에게는 돈을 받는 것이 즐거움이었던 것이다.

이렇듯 보상이 의욕(전문 용어로 '내적 동기')을 약화하는 현상을 '언더마이닝 효과Undernining Effect'라고 한다. 이렇게 되면 보상이 없는 상태에서는 의욕이 생기지 않는다.

이와 같은 현상이 우리가 일을 할 때도 일어나고 있다. 돈을 벌기 위해서 좋아하는 일을 직업으로 삼은 사람은 돈을 받는다는 이유로 그 일을 싫어하게 되는 것이다.

그렇다면 좋아하는 일을 계속 좋아하기 위해서 필요한 것은 무엇일까? 바로 좋아하는 일을 통해 다른 사람에게 공헌하고 있다는 기쁨을 느끼는 것이다. 제2장의 '오해 ❸'에서 이야기했듯이, 우리는 다른 사람을 위해서 행동할 때 더 큰 쾌감을 느낀다. 돈뿐만 아니라 다른 사람에게 공헌하고 있다는 기쁨을 추구하는 것. 좋아하는 일을 직업으로 삼고도 행복할 수 있는 비결은 결과뿐만 아니라 다른 사람을 향한 마음을 소중히 여기는 데에 있다.

CHAPTER 5

내게 딱 맞는 직업을 알려주는 '재능'을 진단하라

How to
find
what you want
to do

재능에 대한 이해를 넓혀주는 '다중 지능 이론'

이 장에서는 라이프 워크의 방향성을 분명히 하기 위해 '재능'에 대한 이해를 넓혀보도록 하겠다. 나는 직업상 재능에 관련된 다양한 이론을 조사해왔는데, 의외로 재능에 관련된 이론은 많지 않았다. 왜냐하면 '재능'의 정의가 모호하기 때문이다.[1] 예를 들어 기억력을 재능이라고 보는 연구자가 있는가 하면 재능이 아니라 인간이라면 누구에게나 있는 기본 능력이라고 보는 연구자도 있다.

또한 뇌에서 재능과 관련된 영역은 너무 넓기 때문에 뇌과학적으로 '이게 이 사람의 재능이다'라고 단정 짓기 어렵다.[2]

인간의 재능을 가장 알기 쉽게 수치화한 지표로서 잘 알려진 것이 지능 지수, 즉 IQ이다.[3] 그런데 IQ 외에 또 다른 지표가 있다는 것을 알고 있는가? 2018년 IQ와는 독립된, 완전히 새로운 재능인 'O^{Object Recognition}'가 미국 밴더빌트대학교^{Vanderbilt University}에서 발표되어 화제가 되었다.[4] O는 대상을 인식하는 것과 관련된 재능으로, X선 사진을 보고 작은 종양을 발견하거나, 틀린 그림 찾기를 잘하는 것과 같이 시각 정보로부터 올바른 판단을 내리는 능력이다. 참고로 IQ가 낮아도 O라는 재능이 매우 뛰어난 사람이 있기 때문에, O를 진단한 결과 천재로 불리는 사람도 있다.

그리고 세계적으로 유명한 또 하나의 재능 이론이 있다. 인지교육학의 권위자인 하버드대학교의 하워드 가드너^{Howard Gardner} 교수가 발표한 '여덟 가지 지능'을 기반으로 한 '다중 지능 이론^{Theory of Multiple Intelligences}(MI 이론이라고도 한다)'이다.[5] 그는 인간의 지능은 한 가지가 아니라 여러 가지라고 주장하며 IQ만으로 인간을 평가하는 데에 의문을 제기했다. 이 이론에 대한 세계 각국의 견해는 다양한데[6], 나는 지금까지 15년 정도 뇌를 연구해오면서 다중 지능 이론이 꽤 높은 확률로 개인의 능력을 알아맞힌다는 사실을 확인했다.

나는 다중 지능 이론을 바탕으로 독자적인 의견을 더해 지금까지 비즈니스, 스포츠, 아동 교육에 이르기까지 수많은 사람의 재능을 분석해왔다. 이 장에서 소개할 실습은 내가 기업이나 교육기관에 제공하는 재능 진단법을 책의 특성에 맞게 간소화한 것이다. 재능을 진단한 후에 '최적의 직업 목록'(182~191쪽)을 통해 라이프 워크의 방향성을 분명하게 알 수 있으니 직접 확인해보기 바란다.

내 안에 잠들어 있는
열 가지 재능

인간의 재능은 크게 열 가지로 구분할 수 있다. 지금부터 하나
씩 살펴보도록 하자.

▶ ① 언어 지능

자신이나 상대방의 생각을 언어로 나타내거나 적절한 표현을
사용해 의사를 전달하는 능력과 같이 언어와 관련된 재능이
다. 연설가나 소설가를 떠올리면 이해하기 쉬울 것이다. 마틴
루터 킹^{Martin Luther King Jr.}, 존 F. 케네디^{John F. Kennedy} 대통령 같은
연설가, 표현력이 무기인 소설가나 편집자도 이러한 재능이

뛰어나다.

언어 지능은 일 이외의 분야에서도 발휘된다. SNS나 블로그에 올린 글로 유명해진 사람, 이야기를 재미있게 해서 주위를 매료시키는 사람도 높은 언어 지능의 소유자이다.

▶ ② 수학 지능

수학 지능은 말 그대로 숫자를 다루는 재능이다. 피타고라스Pythagoras, 아이작 뉴턴Isaac Newton, 카를 프리드리히 가우스Carl Friedrich Gauss 등은 방대한 수학 지식을 가진 인물들이다. 수학자, 물리학자뿐만 아니라 데이터 분석가나 회계사, 세무사도 일상적으로 수학을 사용한다.

다중 지능 이론에서는 '논리 지능'과 '수학 지능'을 '논리 수학 지능Logical-mathematical Intelligence'이라는 하나의 지능으로 분류한다. 하지만 나는 수많은 사람을 만나오면서 두 가지 재능이 별개라는 사실을 알게 되었다. '수학을 못하면 논리적인 사고도 못한다'라고 생각하기 쉽지만, 사실은 계산은 잘하지 못해도 무언가의 구조에 대해 생각하는 것을 좋아하는 사람도 있다. 주변에서 계산이나 수학은 잘하지 못해도 생물, 우주, 양자물리학 등에 흥미가 있는 사람이나, 전자제품의 구조를 매우 알기 쉽게 설명해주는 사람을 본 적 있는가? 그런 사람은 수학 지능이 아니라 논리 지능이 높을 가능성이 있다.

▶ ③ 논리 지능

논리 지능은 세부적인 요소를 하나씩 쌓아올려서 전체를 구성해나가거나, 다른 사람에게 들은 이야기를 정리해 인과관계를 밝혀내는 능력이다. 여행 계획을 잘 세우는 것 등이 논리 지능이 높은 사람에게서 자주 볼 수 있는 특성이다.

질문하기를 좋아하는 사람도 논리적 사고에 강하다고 볼수 있다. 눈에 보이는 내용보다 그 뒤에 숨겨진 구조를 알고싶어 하는 특성이 있기 때문이다.

컨설턴트나 기업을 경영하는 사람도 논리 지능이 높은 경향이 있다. 논리적 사고를 다루는 학문을 전공하거나 공부하지 않은 사람이라도 논리 지능이 높다면 경영 컨설턴트가 되는 것도 충분히 가능한 일인 것이다. 마이크로소프트의 창업자인 빌 게이츠, 메타Meta의 창업자인 마크 저커버그Mark Zucker-berg 등 세계적으로 뛰어난 경영자는 논리 지능이 높을 것으로 예상된다.

▶ ④ 시각 공간 지능

시각 공간 지능은 물건의 형태나 배치를 머릿속에서 재현하는 능력이다. 2차원 이미지를 3차원으로 재현하는 능력이라고도할 수 있다. 앞서 설명한 대상을 인식하는 재능인 O와 비슷한부분이 있다. 건축가나 자동차 운전을 잘하는 사람은 이 지능이 높은 경향이 있다.

이 지능이 높은 사람은 머릿속에서 입체를 회전시키거나 확장하고 상상 속의 건물 안을 걸어다니는 것을 자유자재로 할 수 있다. 또한 지도를 잘 읽는 사람, 한 번 가본 길을 기억하는 사람, 인테리어나 가구 배치를 단번에 결정하는 사람도 시각 공간 지능이 높다.

역사적인 위인 중에서는 상대성 이론을 확립한 알버트 아인슈타인Albert Einstein을 대표적인 예로 꼽을 수 있다. 그에게는 행성의 궤도를 머릿속에서 있는 그대로 재현할 수 있는 특수한 능력이 있었다고 전해진다.

한편 지금까지 소개한 네 가지 지능이 'IQ'라는 지능 지수를 구성하는 기본적인 지표이다.

▶ ⑤ 음악 지능

음악 지능은 리듬, 멜로디, 음의 높이, 음질 등을 인식하는 능력이다. 울프강 아마데우스 모차르트Wolfgang Amadeus Mozart, 폴 매카트니Paul McCartney, 마이클 잭슨Michael Jackson 같은 거장들은 이 능력이 뛰어나다.

작곡이나 악기 연주를 하는 음악가는 당연히 음악 지능이 높으며, 그 외의 분야에서 이 재능을 살리는 사람도 있다. 예를 들어 무대 연출가, 이벤트 연출가, 동영상 크리에이터 등이 있다. 그들은 예리한 감각을 통해 '이 음악을 이 장면에서, 이 순간에 내보내면 분위기가 고조된다'라는 것을 직감적으로 알아차린다. 이렇듯 음악을 만드는 일뿐만 아니라 음악을 활용하는 일에도 살릴 수 있는 지능이다.

▶ ⑥ 신체 지능

다중 지능 이론에서는 몸 전체를 움직이는 '신체 지능'과 이후에 소개할 '손끝 지능'을 합쳐서 '신체적 지능^{Bodily-kinesthetic Intelligence}'이라는 한 가지 항목으로 다룬다. 하지만 나는 15년 동안의 경험을 통해, 두 가지 지능을 분리하는 편이 자기 이해를 넓히는 데 도움이 된다는 것을 깨달았다. 따라서 이 책에서는 신체 지능과 손끝 지능을 따로 분류했다.

신체 지능은 몸 전체를 사용할 때 즐거움을 느끼고 머릿속에 떠올린 것을 몸으로 능숙하게 재현해내는 능력이다. 한곳에서 계속 머물러 있는 것을 어려워한다는 것도 특징 중 하나이다. 사무직이 맞지 않는 사람은 신체 지능이 높은 경우가 많다.

신체 지능이 뛰어난 사람은 야구, 축구, 육상, 수영, 스키, 씨름, 피겨 스케이트 등의 운동선수나, 댄서, 발레리나, 뮤지컬 배우, 배달원, 체조 강사와 같이 몸을 움직이는 일을 좋아한다. 잘하지는 않더라도 몸을 움직이는 것을 좋아한다면 이 지능이 높은 것으로 본다.

▶ ⑦ 손끝 지능

요리사, 조각가, 수공예 작가와 같이 손으로 무언가를 만들어내는 사람에게서 찾아볼 수 있는 재능이다. 의료계에서 '신의손을 가진 외과의사'로 불리는 사람들도 이러한 재능의 소유자라고 할 수 있다.

여담이지만, 나의 동창 중에는 의사가 된 친구들이 많은데, 외과 전공이지만 손끝 기술이 부족해 힘들어하는 경우가 적지 않았다. 외과의사에게는 똑똑한 머리뿐만 아니라 손끝 지능과시각 공간 지능도 필수인 것이다. 만약 그 친구들이 내과나 정신과 같이 수술을 하지 않는 과를 택했다면 의사로서 성공하고 행복하게 일할 수 있었을지도 모른다.

그런 의미에서도 평가 기준이 IQ에 치우쳐 있는 학습 성적만으로 진로를 결정하는 지금의 교육 시스템에는 해결해야 할 문제가 많다고 볼 수 있다.

▶ ⑧ 대인관계 지능

대인관계 지능이란 상대방의 입장에서 생각하는 능력으로, 의사소통을 잘하는 사람이 가지고 있는 재능이다. 다른 사람의 의도, 요구, 감정을 이해하고 공감하는 능력이다. 대인관계 지능이 높은 위인으로는 가난한 사람들에게 자신의 일생을 바치며 노벨 평화상을 받은 마더 테레사Mother Teresa, 아프리카 봉사에 헌신했던 알베르트 슈바이처^{Albert Schweitzer} 등이 있다.

영업사원, 레스토랑이나 호텔의 매니저 등 각종 서비스업에서 일하며 고객과 만나는 것을 좋아하는 사람은 대인관계 지능이 높은 경향이 있다. 아이를 좋아하는 사람, 쉬는 날에 친구들과 만날 약속을 미리 정해두는 사람도 이 능력이 뛰어날 가능성이 있다. 누군가와 대화 중이거나 지하철에 타고 있을 때, 주위에 있는 사람들을 보면서 '저 사람은 무슨 생각을 하고 있을까?' 하고 궁금해하는 사람도 대인관계 지능이 높다고 할 수 있다.

▶ ⑨ 내면적 지능

낯선 표현일 수도 있으나, 내면적 지능이란 자신을 깊게 이해하는 능력을 가리킨다. 나도 지금의 일을 하기 전까지는 전혀 알지 못했던 재능이다. 자신의 감정과 장단점은 물론, 장래희망과 그것을 이루기 위해서 취해야 하는 행동이 무엇인지 파악하는 능력이다. 어릴 때부터 상상하는 것을 좋아했거나, 주변을 의식하지 않고 자신만의 방식으로 살아온 사람은 내면적 지능이 높을 가능성이 있다.

내면적 지능이 높은 사람은 자신에 대한 이해를 넓혀나가는 것을 좋아한다. 연구자에게 어울리는 기질로, 혼자서 묵묵히 활동하는 것을 좋아한다. 방 안에 틀어박혀서 일하는 것도 힘들어하지 않는다.

랠프 월도 에머슨Ralph Waldo Emerson 같은 철학자, 사상가, 인생의 의미를 전하는 목사나 승려, 심리학이나 자기성장에 관심이 있는 사람도 이 능력의 소유자라고 볼 수 있다. 나 자신도이 능력이 높은 편이라는 것을 서른 살이 지나서야 깨달았다.

▶ ⑩ 박물학적 지능

박물학적 지능이란 한마디로 표현하자면 '분류하는 재능'이다. 같은 것들을 한데 모으거나 서로 다른 것들을 구별하는 능력이다. 명품이나 골동품을 감정하는 사람을 떠올리면 이해하기 쉽다. 그들은 물건을 본 순간 자신이 가진 정보와 직감을 통해 진품인지 가품인지 구별할 수 있다.

이 지능이 높은 사람의 예로 주변에서 흔히 접할 수 있는 유형은 식물의 이름을 잘 아는 사람이 있다. 길가의 잡초는 보통 사람들 눈에는 다 비슷해 보일지 몰라도 박물학적 지능이 높은 사람은 식물 사이의 공통점과 차이점을 모두 알고 있기 때문에 정확하게 구분할 수 있다. 이외에도 동물이나 세계 유산에 정통한 사람, 와인, 우표, 피규어, 화장품을 모으는 사람, 철도 마니아 중에도 박물학적 지능이 높은 사람이 많다.

자연보호 활동에 열중하는 사람도 박물학적 지능이 높을 가능성이 있다. 자연의 위대함이란 곧 다양성의 위대함이다.

박물학적 지능이 높은 사람은 나뭇잎의 색 변화와 꽃향기로부터 계절의 변화를 느끼는 감수성을 가지고 있다. 진화의 계통을 분류해《종의 기원The Origin of Species》을 집필한 찰스 다윈Charles Darwin이 대표적인 예이다. 미국의 전 부통령 앨 고어Al Gore처럼 단순히 자연을 사랑하는 수준을 넘어서서 환경보호 활동에 열중하는 사람도 있다.

'재능 진단표'로
나의 재능 발견하기

| 열 가지 재능의 비율을 알아보자

지금까지 열 가지 재능에 대해 알아보았으니, 이제 자신이 어떤 재능을 어떤 비율로 가지고 있는지 진단해보자. 이 책에서는 독자가 직접 진단할 수 있도록 실제 내가 사용하고 있는 재능 진단표를 간소화해 열 가지 지능 중에서 자신이 좋아하는 것, 잘하는 것을 대략적으로 알 수 있도록 설계했다.

재능 진단표

다음 중 어떤 문장에 관심이 가는가? 여기서는 좋아하는 것과 잘하는 것을 구분하지 않아도 된다(또한 경험한 적이 없는 것을 선택해도 괜찮다). ①부터 ⑩까지 각 항목 중에서 관심이 가는 문장에 체크하고, 체크한 문장의 개수를 적어보자.

① 언어 지능 _____ 개

- [ ] TV보다 라디오를 통해 정보를 얻는다.
- [ ] 대화로 의견을 교환한다.
- [ ] 편지나 보고서 작성을 선호한다.
- [ ] 책, 신문, 잡지에서 정보를 발견한다.
- [ ] 정보를 전달한다.
- [ ] 메모한다.

② 수학 지능 _____ 개

- [ ] 암산한다.
- [ ] 숫자를 이용한 게임을 한다.
- [ ] 가계부를 쓴다.
- [ ] 숫자를 통해 상황을 파악한다.
- [ ] 숫자의 변화를 예측한다.
- [ ] 계산이 빠르다.

③ 논리 지능 _____ 개

- ☐ 여행 계획을 짠다.
- ☐ 장기, 오셀로, 퍼즐 등 사고력을 활용하는 게임을 한다.
- ☐ 여러 대상 사이에서 패턴이나 관계성을 밝혀낸다.
- ☐ 일이나 문제를 해결할 때 논리적으로 하나씩 처리한다.
- ☐ 실험한다.
- ☐ 질문한다.

④ 시각 공간 지능 _____ 개

- ☐ 사진이나 영상을 촬영한다.
- ☐ 도형이나 그림을 그린다.
- ☐ 정원의 구성이나 실내 인테리어를 생각한다.
- ☐ 지도를 본다.
- ☐ 자동차 운전이나 주차를 좋아한다.
- ☐ 조각상이나 양복 등 입체적인 것을 만든다.

⑤ 음악 지능 _____ 개

- ☐ 악기를 연주한다.
- ☐ 노래를 부른다.
- ☐ 멜로디를 듣고 어떤 곡인지 바로 알아맞힌다.
- ☐ 상황에 맞는 적절한 음악을 고른다.
- ☐ 작곡한다.
- ☐ 리듬을 정확하게 맞춘다.

⑥ 신체 지능 _____ 개

- ☐ 운동을 한다.
- ☐ 달리거나 마라톤에 참가한다.
- ☐ 공을 다루거나 수영을 한다.
- ☐ 설명서를 읽기보다 실제로 시도해본다.
- ☐ 춤을 추거나 요가를 한다.
- ☐ 다른 사람의 움직임이나 동작을 흉내 낸다.

⑦ 신체 지능 _____ 개

- ☐ 그림 그리기, 수공예, 뜨개질 등 손으로 하는 작업을 좋아한다.
- ☐ 복잡한 것을 조립한다.
- ☐ 머리 손질이나 화장을 잘한다.
- ☐ 정원 가꾸기, 식물 키우기, 낚시 등을 통해 대상과 접촉한다.
- ☐ 요리, 제빵, 실뜨기, 종이접기 등 섬세한 작업을 좋아한다.
- ☐ 마사지를 한다.

⑧ 대인관계 지능 _____ 개

- ☐ 수영처럼 혼자 하는 운동보다 단체 운동을 좋아한다.
- ☐ 직장, 학교, 지역 봉사활동 등으로 사회와 연결된다.
- ☐ 사람을 모은다.
- ☐ 주의 깊게 상대방의 이야기를 듣는다.
- ☐ 아이들과 함께 천진난만하게 뛰어논다.
- ☐ 다른 사람의 고민을 상담해준다.

⑨ 내면적 지능 _____ 개

☐ 자신이 할 수 있는 것과 할 수 없는 것을 안다.

☐ 혼자서 일한다.

☐ 자기계발서를 읽는다.

☐ 자신의 감정이나 행동의 이유를 생각한다.

☐ 번화한 곳보다 조용한 곳에서 일한다.

☐ 공상이나 망상을 한다.

⑩ 박물학적 지능 _____ 개

☐ 식물, 동물 등의 이름을 잘 안다.

☐ 식사, 술, 커피 등에 대해 자신이 선호하는 바를 설명한다.

☐ 쇼핑을 할 때는 철저하게 조사한다.

☐ 좋아하는 물건을 수집한다.

☐ 세계 유산, 의학, 천문학, 지구에 관한 다큐멘터리를 본다.

☐ 자연 속에 있으면 시간 가는 줄 모르고 즐겁다.

재능의 조합으로
찾아보는 라이프 워크

이제 A부터 J까지의 열 가지 재능 중에서 체크한 문장이 가장 많았던 항목부터 순서대로 나열해보자. 체크한 문장이 한두 개뿐이더라도 체크가 많은 것부터 순서대로 나열하면 된다. 전체적으로 체크한 문장의 수가 많은 사람도 있고 적은 사람도 있을 텐데, 그것은 문제가 되지 않는다. 문장의 개수와 상관없이 이 재능 진단의 흥미로운 점은 자신이 체크한 '재능의 조합'으로 라이프 워크의 방향성을 확인할 수 있다는 것이다.

구체적인 사례를 소개하겠다. 다음은 A라는 사람이 실제로 자신의 재능을 진단한 결과이다.

A의 재능 진단 예시

- **박물학적 지능 → 4개**
- **논리 지능 → 4개**
- **시각 공간 지능 → 3개**

(손끝 지능 2개, 내면적 지능 2개, 수학 지능 2개, 언어 지능 2개, 신체 지능 1개,

대인관계 지능 1개, 음악 지능 0개)

A는 박물학적 지능과 논리 지능이 가장 발달했고, 그다음으로 시각 공간 지능이 발달했다.

박물학적 지능과 논리 지능을 조합하면 '많은 선택지 중에서 최적의 선택지를 제안하는 일'이나 '대상을 체계화하는 일'이 어울린다. 지식을 정리해 알기 쉽게 편집하거나, 기존의 요소를 조합해 새로운 것을 만드는 일이다. 예를 들어 컨설팅, 새로운 콘텐츠나 체계를 만들어내는 일이 여기에 해당한다.

또한 시각 공간 지능이 높기 때문에 패션, 인테리어, 여행이나 숙박, 결혼식장 등을 정하려는 사람에게 최적의 선택지를 제안하는 직업이나, 이벤트 기획자, 영상 편집 기술을 활용해 영상을 제작하는 크리에이터도 적합한 후보가 될 수 있다. 여기에 손끝 지능까지 활용하면 새로운 뜨개질 방법, 수술 방법, 마사지 기술을 개발하는 일이나, 입체적인 조형물 창작과 같

은 예술 분야에 관련된 일까지 생각해볼 수 있다.

다만 A는 대인관계 지능은 높지 않은 편이기 때문에 사람과 만나는 일보다, 혼자 하는 일에서 더욱 즐거움을 얻을 것으로 보인다.

나중에 설명하겠지만, 항목별로 체크한 문장의 개수가 비슷하다면 뒤에 나올 '최적의 직업 목록'에서 모든 재능의 조합을 하나씩 살펴봄으로써 자신에게 적합한 일의 방향성을 파악할 수 있을 것이다.

또 하나의 예시를 살펴보자.

B의 재능 진단 예시

- 대인관계 지능 → 3개
- 내면적 지능 → 3개
- 언어 지능 → 2개
- 신체 지능 → 2개

(음악 지능 1개, 수학 지능 0개, 논리 지능 0개, 시각 공간 지능 0개,

손끝 지능 0개, 박물학적 지능 0개)

B의 특징은 대인관계 지능과 내면적 지능이 둘 다 높다는 것이다. 내면적 지능만 높으면 마음속으로 생각만 할 뿐, 자신

이 생각한 것을 다른 사람에게 전달하기는 어려워 조금 고립된 것처럼 보이기도 한다. 한편 대인관계 지능만 높으면 다른 사람과 어울리는 것은 좋아하지만 사람의 마음에 와닿는 깊은 이야기는 하지 못한다. 아무리 붙임성이 좋아도 날씨 이야기나 최근 화제가 되는 뉴스처럼 표면적인 이야기만 하는 사람이 이런 유형에 해당한다.

둘 중 한 가지만 높은 사람도 있는데, B처럼 둘 다 높은 경우에는 사려 깊고 상대방의 마음을 움직이는 이야기를 할 수 있으므로 '다른 사람을 좋은 방향으로 이끄는 일'이 적합하다. 그런 의미에서 사람의 마음을 움직이는 영업사원이나 경영자, 매니저 등이 어울린다. 이 두 가지 재능을 동시에 살릴 수 있기 때문이다.

B는 언어 지능도 발달한 편이어서 말을 통해서 사람을 이끌어주는 일, 예를 들어 컨설턴트나 상담가, 교사, 강사도 라이프 워크로 어울릴 수 있다. 신체 지능도 비교적 높은 편이므로 운동선수의 코치나 팀워크 지도자, 건강 전문 강사 역할도 잘 해낼 수 있을 것이다.

이런 식으로 재능의 조합에 따라서 라이프 워크의 방향성을 자연스럽게 파악할 수 있다.

나에게 맞는 라이프 워크를
찾아주는 최적의 직업 목록

열 가지 재능을 조합할 수 있는 경우의 수는 방대하기 때문에, 내가 진행하는 프로그램에서는 참가자에 대해 직접 분석한 뒤 잘 맞는 직업을 알려주지만, 이 책에서는 독자가 알기 쉽게 두 가지 재능의 조합으로 라이프 워크의 대략적인 방향성을 찾아보겠다.

체크한 문장이 가장 많았던 재능 두 가지를 조합했을 때 어떤 유형의 일이 어울리는지 182쪽부터 이어지는 '최적의 직업 목록'에서 확인해보기 바란다. 예를 들어 '언어 지능'과 '시각 공간 지능'의 조합인 경우에는 '언어+시각 공간'과 '시각 공간

+언어' 두 항목을 모두 봐야 한다. 왜냐하면 '언어 지능과 조합' 목록에서는 '언어'를 중심으로 하는 일, '시각 공간 지능과 조합' 목록에서는 '시각 공간'을 중심으로 하는 일을 보여주기 때문이다.

예를 들어 언어 지능을 중심으로 하며 시각 공간 지능도 활용하는 일은 '언어를 사용하는 비율이 높으면서 이미지나 공간을 표현하는 일(패션 잡지 편집자, 여행·호텔 평론가, 카피라이터, 사회자, 아나운서, 게임 중계 캐스터 등)'이다. 한편 시각 공간 지능을 중심으로 하며 언어 지능도 활용하는 일은 '이미지나 공간을 주로 사용하면서 언어를 보조적으로 사용하는 일(이벤트 주최자, 패션 코디네이터, 인테리어 디자이너 등)'이다.

어느 쪽 재능을 주로 사용하는지에 따라서 방향성이 달라지기 때문에 두 가지 항목을 모두 보면 라이프 워크의 방향성을 입체적으로 파악할 수 있다. 둘 중 어느 하나가 더 와닿을 수도 있고, 두 가지를 합쳐서 더 공감이 되는 방향성을 찾을 수도 있다. 지금부터 소개할 목록에는 각 항목에 대한 대표적인 내용을 담았으므로, 읽다 보면 목록에 나와 있지 않은 표현이나 이미지가 떠오를 수도 있다. 그런 경험까지 포함해, 이 목록을 보는 동안 자신의 방향성에 대해 자연스럽게 이해하게 될 것이다.

재능의 조합으로 알 수 있는 '최적의 직업 목록'

언어 지능과 조합

언어+논리	언어로 이해하기 쉽게 전달하는 일 (비즈니스 문서 작성, 메일·블로그·서적 편집 등)
언어+수학	언어를 주로 사용하면서 숫자를 보조적으로 사용하는 일 (투자 평론가, 경제학 해설가, 숫자를 사용하는 프레젠테이션, 가설 증명 등)
언어+시각 공간	언어를 사용하는 비율이 높으면서 이미지나 공간을 표현하는 일 (패션 잡지 편집자, 여행·호텔 평론가, 카피라이터, 사회자, 아나운서, 게임 중계 캐스터 등)
언어+음악	언어로 음악을 전달하는 일 (음악 해설, 음악에 맞춰 내레이션을 하는 일, 라디오·음악 잡지 관 련 직무 등)
언어+신체	언어로 스포츠나 연기를 해설하는 일 (스포츠 해설가, 피겨 스케이트·춤·연극 평론가 등)
언어+손끝	언어로 손의 움직임을 해설하는 일 (연주 평론가, 예술 평론가, 뉴스 해설자 등)
언어+대인관계	사람들 앞에서 언어를 구사하는 일 (정치인, 강연자, 연설가, 교사, 연예인, 판촉 사원 등)
언어+내면적	언어로 사람의 마음을 표현하는 일 (시인, 캘리그라피, 낭독, 성우, 소설가, 각본가 등)
언어+박물학적	언어로 폭넓은 지식을 전달하는 일 (수많은 상품이나 서비스의 장단점을 전달하는 일 등)

논리 지능과 조합

논리+언어	언어를 사용한 학문 또는 지식과 관련된 일 (언어학자, 변호사, 프로그래머, 과학 기자 등)
논리+수학	숫자를 사용한 학문에 관련된 일 (수학자, 천문학자, 통계학자, 금융공학자, 데이터 사이언티스트 등)
논리 +시각 공간	이미지와 공간에 대한 학문을 바탕으로 한 일 (건축가, 공업디자이너, 기계설계, 색채심리학 등)
논리+음악	음악에 관한 학문을 다루는 일 (음대 교수, 성악이론·음향 연구, 소리 분석, 소리 마케팅 등)
논리+신체	몸의 움직임에 관한 학문을 다루는 일 (스포츠 과학, 의족 및 로봇 개발, 의료·재활 연구 등)
논리+손끝	손끝에 관한 학문을 다루는 일 (분자 요리, 정밀공학, 예술공학, 외과의사 등)
논리 +대인관계	관계에 관한 학문을 다루는 일 (커뮤니케이션학, 리더십학, 사회행동심리학 등)
논리+내면적	심리학을 다루는 일 (심리학, 뇌과학, 인지과학, 신경심리학, 인지행동치료 등)
논리 +박물학적	많은 정보를 종합해 학문적으로 정리하는 일 (자연학자, 역사학자, 문화인류학자, 과학자, 연구자 등)

수학 지능과 조합

수학+언어	수학과 계산을 주로 사용하면서 언어를 보조적으로 사용하는 일 (수학책·스도쿠 편집, 세무사·회계사 대상 동영상 강의 제작 등)
수학+논리	전략적으로 숫자를 사용하는 일 (애널리스트, 트레이더, AI 개발자, IT 계열 직무 등)
수학 +시각 공간	공간을 숫자로 표현하는 일 (VR 프로그래머, AR·지도·부동산 앱 개발자, 자유주행 개발자 등)
수학+음악	음악에서 숫자를 사용하는 일 (음악 마케팅, 음향 분석, 생성형 AI를 이용한 목소리 합성 앱 개발 등)
수학+신체	몸의 움직임을 숫자로 표현하는 일 (운동선수의 기량 분석, 혈압 등 신체 계측, 운동 시뮬레이션 등)
수학+손끝	숫자를 이용하며 손끝의 움직임과 관련된 일 (손끝의 움직임에 관한 시뮬레이션, 로봇 개발, 제어 장치 개발 등)
수학 +대인관계	수학과 계산을 주로 사용하면서 대화와 관련된 일 (데이터 분석 자문, 대화용 로봇 개발 등)
수학+내면적	수학과 계산을 주로 사용하면서 사람의 마음과 관련된 일 (감정 분석, 목표관리 앱 개발, 인지 분석, 심리 통계 등)
수학 +박물학적	숫자로 삼라만상, 방대한 상품을 분석하는 일 (빅데이터 분석, 마케팅 등)

시각 공간 지능과 조합

시각 공간+언어	이미지나 공간을 주로 사용하면서 언어를 보조적으로 사용하는 일 (이벤트 주최자, 패션 코디네이터, 인테리어 디자이너 등)
시각 공간+논리	이미지나 공간을 논리적으로 만들어내는 일 (이미지·공간 연출, 도시 개발, 패션, 이벤트 기획 등)
시각 공간+수학	이미지나 입체에 숫자를 사용하는 일 (옷의 치수 재기, 설계, 공간의 계측·측량, 숫자를 주제로 한 사진·동영상 제작 등)
시각 공간+음악	영상이나 공간을 주로 활용하면서 음악과 관련된 일 (이벤트·페스티벌·매장 직원, 뷰티 살롱, 동영상 편집 등)
시각 공간+신체	몸의 움직임을 바탕으로 이미지나 입체를 다루는 일 (입기 편한 옷 디자인, 편안한 인테리어 설계, 도선 설계 등)
시각 공간+손끝	이미지나 공간 속에서 손끝을 움직이는 일 (창작 댄스, 그림자 쇼, 복화술 등)
시각 공간 +대인관계	시각적인 자극 속에서 사람과 대면하는 일 (밤하늘 투어 가이드, 호텔 직원, 음식점 직원 등)
시각 공간 +내면적	이미지나 공간을 통해 사람의 마음을 움직이는 일 (이벤트·콘서트·공간 연출가, 패션 코디네이터 등)
시각 공간 +박물학적	이미지나 공간 속에서 많은 정보를 접하는 일 (패션·미술품 바이어, 관광업 종사자, 부동산 중개인 등)

음악 지능과 조합

음악+언어	음악을 주로 사용하면서 언어를 보조적으로 사용하는 일 (가수, 오페라 배우, 뮤지컬 배우 등)
음악+논리	음악을 논리적으로 다루는 일 (음악을 접목한 연출, 악기나 노래 지도 등)
음악+수학	숫자를 사용해 소리를 내는 일 (컴퓨터 사운드 제작, 음성 합성 등)
음악+시각 공간	음악을 주로 사용하면서 이미지나 공간에 관련된 일 (콘서트 연출, 프로듀싱, 미술 음악 연출, 넓은 공간에서 음악 연주 등)
음악+신체	음악을 주로 사용하면서 신체를 보조적으로 사용하는 일 (드러머, 기타리스트, K-POP 아티스트, 댄서 등)
음악+손끝	음악을 손끝으로 표현하는 일 (피아니스트, 오케스트라 지휘자, 악기 연주자, 클럽 DJ 등)
음악 +대인관계	사람들 앞에서 음악을 보여주는 일 (디너쇼 공연 크루, 뮤지션 등)
음악+내면적	음악으로 사람의 마음에 관계되는 일 (음악 명상 교육, 작곡가, 클래식, 웰니스 음악 등)
음악 +박물학적	많은 음악을 보여주는 일 (음악 평론가, 음악 유튜버, 여러 곡을 조합하는 작곡가, 유명한 곡을 커버하는 연주자 등)

신체 지능과 조합

신체+언어	몸을 주로 사용하면서 언어를 보조적으로 사용하는 일 (운동 지도, 연기 지도, 댄스 강사, 요가 강사 등)
신체+논리	몸을 논리적으로 생각하며 움직이는 일 (전략형 스포츠, 전략적 근육 운동, 스포츠 트레이닝 등)
신체+수학	숫자와 관련해 몸을 움직이는 일 (익스트림 스포츠, 다이버, 타임 키퍼, 배달원, 수금 업무 등)
신체+시각 공간	몸의 움직임과 시각적 자극이 있는 직업 (이동이 많고 여러 공간을 경험할 수 있는 일, 골프나 축구처럼 공간을 인식하는 운동 등)
신체+음악	몸을 주로 사용하면서 음악과 관련된 일 (에어로빅 강사, 헬스 강사, 액션을 보여주는 공연, 거리 공연 등)
신체+손끝	몸을 주로 사용하면서 손끝을 보조적으로 사용하는 일 (스포츠 계열, 목수, 액션 배우, 연극 배우, 스턴트맨 등)
신체+대인관계	팀을 이루어서 몸을 움직이는 일 (단체 스포츠, 댄스, 여러 사람이 다양한 장소로 이동하는 일 등)
신체+내면적	사람의 내면을 바라보며 몸을 움직이는 일 (스포츠 코치, 연기 지도, 혼자 하는 운동 등)
신체+박물학적	많은 지식을 바탕으로 몸을 움직이는 일 (스포츠 트레이너, 댄스 트레이너, 연기 컨설턴트 등)

손끝 지능과 조합

손끝+언어	손끝을 움직이면서 가르치는 일 (도제식 지도, 취미·수예·악기 연주 지도, 미술 교사 등)
손끝+논리	순서나 구조에 따라서 손끝을 움직이는 일 (그림이나 요리의 순서 정리, 도예, 수예, 뜨개질, 농림수산업 등)
손끝+수학	손끝으로 숫자를 사용하는 일 (숫자 입력이나 타이핑을 필요로 하는 일 등)
손끝+시각 공간	손끝을 입체적으로 움직이는 일 (그림을 그리는 영상 제작, 원격 수술, 드론 촬영, 조각, 예술적인 요리 등)
손끝+음악	손끝을 사용하면서 음악과 관련된 일 (악기 제작, 소리 믹싱, 조율사 등)
손끝+신체	손끝을 주로 사용하면서 몸을 보조적으로 사용하는 일 (마사지, 미용 계열, 중장비 조작, 수리, 복원 등)
손끝+대인관계	사람들과 대화하면서 손끝을 사용하는 일 (수예·미술 교실, 요리 교실, 낚시 교실, 마사지, 미용사 등)
손끝+내면적	손끝을 사용해 사람의 마음에 가까워지는 일 (스파 테라피, 자연식·약선 요리, 예술 등)
손끝+박물학적	많은 지식과 기술을 가지고 손끝을 사용하는 일 (다양한 기술의 마사지, 미용실, 미술 교실, 만들기 교실 등)

대인관계 지능과 조합

대인관계+언어	사람들과 적극적으로 소통하는 일 (영업, 접객·서비스업, 웨이터, 상담 창구 등)
대인관계+논리	알기 쉽게 가르치는 일 (교원, 교사, 강사, SNS 인플루언서, 가이드, 판매원 등)
대인관계+수학	대화하면서 숫자를 사용하는 일 (수학 교사, 은행 창구 직원, 회계사, 세무사 등)
대인관계 +시각 공간	이미지나 입체를 통해 사람들과 소통하는 일 (패션 컨설턴트, 부동산 중개인, 인테리어 코디네이터 등)
대인관계+음악	사람을 만나고 음악도 접할 수 있는 일 (아티스트 매니저, 이벤트 스태프 등)
대인관계+신체	몸을 이용해 사람들과 소통하는 일 (접객·서비스업, 유아 교육, 사회복지 서비스 등)
대인관계+손끝	손을 이용해 사람들과 소통하는 일 (수화, 지휘자, 모스 신호, 비행기 조종사 등)
대인관계 +내면적	깊이 있게 소통하는 일 (최고 경영자, 매니저, 컨설턴트 등)
대인관계 +박물학적	다양한 사람과 만나는 일 (영업, 취재, 인터뷰, 인재 소개 등)

내면적 지능과 조합

내면적+언어	마음의 문제를 언어를 이용해 해결하는 일 (교육 산업, 상담원, 심리상담사, 언어청각사 등)
내면적+논리	내면을 논리적으로 다루는 일 (학자는 아니지만 심리에 관련된 논리적인 데이터를 다루는 일 등)
내면적+수학	숫자를 이용해 사람들의 고민을 해결하는 일 (데이터를 이용한 상담, 데이터를 바탕으로 한 조직 개혁, 숫자를 이용한 점술, 빅데이터 컨설팅 등)
내면적 +시각 공간	이미지나 공간을 이용해 마음의 문제를 해결하는 일 (예술·색채 치료, 풍수지리사, 목사, 승려 등)
내면적+음악	음악을 이용해 사람들의 고민을 해결하는 일 (음악 치료, 힐링 음악, 싱잉볼, 사운드 트랙 제작 등)
내면적+신체	몸의 구조를 이용해 고민을 해결하는 일 (스포츠 심리사, 웰니스 코치, 다이어트 상담사 등)
내면적+손끝	손끝을 움직이면서 마음을 관리하는 일 (꽃꽂이, 다도, 서예, 그림 심리 상담 등)
내면적 +대인관계	심도 있게 사람을 이끄는 일 (뇌와 마음의 구조를 가르치는 일, 멘탈 코치 등)
내면적 +박물학적	최적의 고민 해결법을 제안하는 일 (세계의 심리기법, 감정 통제법, 성격 개선법 소개 등)

박물학적 지능과 조합

박물학적+언어	방대한 정보를 분류해 말로 전달하는 일 (참여형 온라인 백과사전, 도감·대전·사전 제작 등)
박물학적+논리	여러 정보를 조합해 새로운 것을 만들어내는 일 (전략 컨설팅, 신기술 개발, 특허, 발명, 서비스 기획 등)
박물학적+수학	방대한 정보를 숫자로 표현하는 일 (분류한 데이터의 우선순위 정하기, 수치화, 그래프화 등)
박물학적 +시각 공간	시각 공간적인 것을 분류하는 일 (미용·패션 진단, 의료, 세계유산 전문가, 미술품 감정사, 명품 감정사 등)
박물학적+음악	여러 음악을 분류하는 일 (음악 평론, 레코드샵, 온라인 음악 백과사전 등)
박물학적+신체	몸의 움직임을 분류하는 일 (운동선수 분류, 움직임을 체계화, 스트레칭, 운동법 분류 등)
박물학적+손끝	손을 사용하는 법을 분류하는 일 (요리법 분류, 수예 기술 분류, 미용 기술 분류 등)
박물학적 +내면적	마음을 다루는 법을 분류하는 일 (심리기법, 영업법, 성공법 분류 등)
박물학적 +대인관계	사람을 만나고 최적의 서비스를 제공하는 일 (머니 플랜, 상품, 서비스, 여행 등)

나에게 딱 맞는 새로운 직업 생각해보기

모든 일을 구성하는 요소

지금까지 재능의 조합에 따라서 라이프 워크의 방향성을 파악해보았는데, 앞서 제시한 일들 역시 여러 요소의 조합으로 이루어져 있다. 바로 193쪽의 스무 가지 요소이다([그림 5-1] 참고).

모든 일은 다음의 스무 가지 요소 중 몇 가지의 조합으로 이루어진 것이다. 예를 들어 변호사는 '언어+지키다', 의사는 '과학+건강+지키다', 마사지사는 '미용+복지+건강', 시계 수리 기사는 '문화+취미+만들다', 코미디언은 '언어+오락', 운동선

그림 5-1　모든 일을 구성하는 요소

만들다	운동	지키다	자연
예술	과학	건강	음악
음식	패션	금융	오락
심리	언어	복지	문화
미용	영상	정보 기술 (IT)	취미

수의 코치는 '운동+심리+언어', 유튜버는 '언어+영상+정보 기술', 재즈바 사장은 '음식+음악+오락', 정원사는 '자연+만들다+지키다', 보험 영업사원은 '언어+금융+만들다+지키다'로 구성되는 식이다.

　제3장에서 '동사'를 이용해 라이프 워크의 원석을 찾았던 것처럼 이 스무 가지 요소도 라이프 워크를 찾는 데 단서가 된다.

여기서 몇 가지 질문을 해보겠다.

질문 ① 스무 가지 요소 중에서 마음에 와닿고 왠지 끌리는 것에 동그라미를 쳐보자. 여러 개여도 상관없다. 이것은 직업의 분야에 해당한다.

질문 ② 자신이 선택한 요소가 포함된 직업으로는 어떤 것이 있는지 생각해보자.

질문 ③ 자신이 선택한 요소를 조합해 만들 수 있는 '새로운 일'을 생각해보자.

세 가지 질문 중에서 새로우면서도 예상치 못한 자신의 가능성을 발견할 수 있는 것은 세 번째 질문이다. 스무 가지 요소 중에서 몇 가지만 골라야 한다는 제한도 없으니, 만들어낼 수 있는 조합은 거의 무한대에 가깝다. '이 요소와 이 요소를 조합하는 게 가장 내 마음에 든다', '이런 요소들을 조합하면 이런 새로운 일을 만들 수 있을 것 같다'라는 고민을 하다 보면 라이프 워크가 구체적으로 떠오르기도 한다.

예를 들어 '자연+취미+영상'이라는 요소가 포함된 일로서 '드론 촬영'을 떠올린 사람이 있었다. 그 사람은 원래 드론을 좋아했고, 드론 시점의 화면을 볼 수 있는 고글을 끼고 자동차

경주를 즐기는 것이 취미였다. 자신에게 맞는 일이 무엇인지 모르겠다고 고민하던 그에게, '자연+취미+영상'이라는 세 가지 요소가 포함된 일에는 어떤 것이 있을지 물어봤더니, '드론 촬영'이라는 대답을 한 것이었다. 이 질문을 계기로 그는 드론 촬영 일을 시작했고, 예전에는 수요가 많지 않았지만 지금은 의뢰가 쇄도하고 있다고 한다.

한 가지 염두에 둘 것은 그가 '드론 촬영'이라는 일이 존재한다는 걸 알고 있었다는 점이다. 그런 일이 있다는 것을 전혀 몰랐다면 도전해보겠다는 생각도 할 수 없었을 테니, 그것이 라이프 워크가 될 가능성은 아예 없었을 것이다. 그러니 중요한 것은 언제나 안테나를 세우고 일에 대한 정보를 계속해서 모으는 것이다.

세상에 존재하는 924가지 직업을 정리해 블로그에 올려두었으니 관심이 있다면 확인해보기 바란다. 마음에 드는 일을 체크하면 그것들을 조합한 일을 무한히 만들 수 있다.

 https://m.site.naver.com/1yPVH

지금까지 실습을 통해 '라이프 워크의 원석', '개성', '재능'을 확인해보았다. 이러한 과정을 통해 자신에 대해 깊이 이해한 상태에서 직업 목록을 보면 이전과는 확실히 다르게 보일 것이다.

한번 신경 쓰기 시작하면 주의 편향이 작동해 계속 신경 쓰게 된다. 그러니 목록에 마음에 드는 직업이 있다면 모두 체크하기 바란다. 그렇게 체크한 직업이 바로 라이프 워크로 이어지기도 하고, 체크한 직업들 중에서 공통점을 찾아낼 수도 있으며, 그 직업들을 조합함으로써 새로운 형태의 라이프 워크를 찾는 경우도 있다. 그러니 재미있는 놀이를 하듯이 즐거운 마음으로 시도해보기 바란다.

인간관계, 시간, 돈에 대한 균형 확인하기

| 라이프 워크가 싫어지지 않도록

지금까지의 실습을 통해 라이프 워크를 발견했거나, 하고 싶은 일의 방향성이 분명해진 독자 여러분께 축하 인사를 전한다. 저자로서 책을 통해 도움이 되는 것만큼 기쁜 일은 없다. 그렇기 때문에 더욱 더 덧붙이고 싶은 이야기가 있다.

안타깝게도 라이프 워크를 실현하게 되었는데도 불구하고 행복을 느끼지 못하는 사람이 있다. 라이프 워크는 행복해지기 위한 수단 중 하나이다. 그런데 왜 그런 일이 일어나는 것일까? 대부분의 경우, 원인은 균형에 있다.

균형을 이루어야 하는 요소는 크게 세 가지다.[7] 첫 번째 요소는 '인간관계에 대한 만족도'이다. 예를 들어 아무리 좋아하는 일이나 취미 생활을 하더라도 권위적인 상사나 험담을 즐기는 사람들 사이에서 종일 함께 있어야 하는 환경이라면 마음이 괴로울 것이다. 자신이 어떤 사람과 있을 때 스트레스를 덜 받는지, 어떤 관계를 만들어가고 싶은지 생각해보자. 누구에게나 이상적이라고 생각하는 인간관계가 있다.

두 번째 요소는 '시간에 대한 만족도'이다. 예를 들어 일 자체는 마음에 들어도, 일정이 분 단위로 정해져 있어서 개인 시간을 전혀 가지지 못한다면, 어렵게 찾은 라이프 워크가 싫어질 것이다. 나는 원래 책 쓰는 일을 좋아했지만, 아주 잠깐 동안 세 권을 동시에 집필해야 했을 때는 몸과 마음이 망가져서 스스로도 놀랄 정도로 책을 쓰는 것이 버거웠다. 시간을 쓰는 데에도 사람마다 이상적이라고 생각하는 방식이 있다.

세 번째 요소는 '돈에 대한 만족도'이다. 하는 일 자체는 만족스럽지만 생계를 유지하기 어려울 정도로 수입이 적다면 어떨까? 언젠가 크게 성공해 부자가 될 가능성이 있다면 몰라도, 최소한의 생활 수준조차 보장되지 못한다면 행복도가 높아지기 어렵다.

인간관계, 시간, 돈. 이 세 가지 요소가 균형을 이루는지 확인하는 것은 라이프 워크를 찾는 것만큼이나 중요하다. 이제 [그림 5-2]의 원그래프에 현재 자신이 각 요소에 대해 얼마나 만족하는지 10점 만점으로 평가하고, 각 요소의 이상적인 상태(10점인 상태)를 적어보자.

인간관계 칸에는 어떤 사람과 일하고 싶은지, 어떤 상사, 부하, 고객, 조력자와 함께하고 싶은지를 적어보자. 예를 들어 공과 사를 확실하게 구분하는 것을 좋아하는 사람이 있는가 하면, 서로 도와가며 함께 성장할 수 있는 사람들과 일하는 것을 선호하는 사람도 있다. 자신에게 이상적인 인간관계는 어떤 모습인지 적어보자.

시간 칸에는 '일주일에 ○일은 일하고 ○일은 쉬고 싶다', '일뿐만 아니라 ○○을 하는 시간도 매일 ○시간 확보되어야 한다', '아침에 ○시에 일어나 밤 ○시에는 자야 한다' 등 각 활동에 필요하다고 생각하는 이상적인 시간을 적어보자.

돈 칸에는 '이 정도 수입이면 하고 싶은 일은 다 할 수 있다'라고 만족할 만한 이상적인 수입을 적어보자.

이 세 가지 요소가 골고루 만족스러울 수 있다면 라이프 워크의 질도 향상시킬 수 있을 것이다.

때때로 사회적인 성공은 거두었지만 왠지 행복해 보이지 않는 사람을 만날 때가 있다. 그들이 불행한 원인은 이 세 가

그림 5-2 세 가지 요소의 균형을 확인하는 채점표

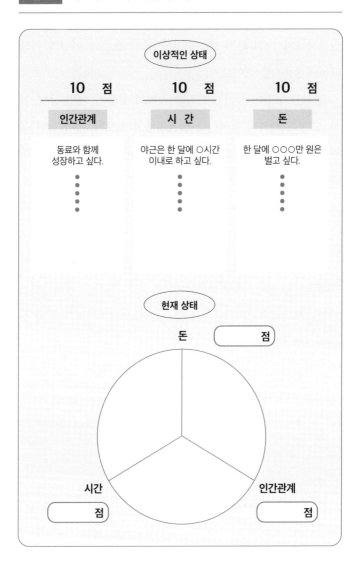

이상적인 상태

10 점   **10** 점   **10** 점

인간관계   시 간   돈

동료와 함께
성장하고 싶다.

야근은 한 달에 ○시간
이내로 하고 싶다.

한 달에 ○○○만 원은
벌고 싶다.

현재 상태

돈   점

시간   점   인간관계   점

지 요소의 균형을 무시했기 때문일지도 모른다. 예를 들어 돈은 충분히 벌지만 그것을 쓸 시간은 없고 동료들에게 배신당하기만 한다면 아무리 좋아하는 일을 해도 행복하다고 보기는 어렵다. 이직에 실패하는 것도 마찬가지다. 좋아하는 일을 하기 위해 직장을 옮길 때 수입을 중요하게 여기지 않으면 속칭 '열정 페이'로 일하게 될 위험이 있다. 또한 직장 내 인간관계나 야근 정도를 확인하지 않고 이직을 결정하면, 좋아하던 일을 하게 되더라도 인간관계와 야근 때문에 그 일이 싫어질지도 모른다.

어렵게 찾은 라이프 워크가 싫어지지 않도록 인간관계, 시간, 돈이 균형을 이루는지 미리 파악해둔다면 인생의 만족도가 높아질 것이다. 이 세 가지 요소에 대해 적어보는 것만으로도, 현재 하고 있는 일을 어떻게 변화시키고 싶은지, 자신에게 이상적인 일은 무엇인지 알 수 있으므로 만나는 사람이나 일까지 바뀔 수도 있다.

인생의 우선순위를
설정하기 위한 다섯 가지 질문

| 내일 죽는다면 무엇을 하고 싶은가?

이것으로 라이프 워크를 찾는 실습도 마지막이다. 라이프 워크의 형태가 아직 분명하게 와닿지 않는 사람도 이번 실습을 해보면 단번에 이해될 수 있을 것이다. 조금 뜬금없지만 다음과 같은 질문에 대해 생각해보자.

질문① 만약 일주일 후에 죽는다면 남은 시간 동안 무엇을 하고 싶은가?

일주일 후에 당신은 이 세상에서 사라진다. 인생에 후회를 남기지 않기 위해 지금부터 무엇을 하고 싶은가? 이때 돈은 얼마든지 쓸 수 있다고 가정하자. 어떤 시시한 생각, 사소한 일이라도 좋다. 라이프 워크에 어울리는 일을 생각해내려고 애쓸 필요도 없다. 일주일 후에는 이 세상에 존재하지 않게 되므로, 인생에 후회를 남기지 않기 위해 하고 싶은 일을 직감적으로 떠올려보기 바란다. 예를 들면 다음과 같은 일이다.

- **한 번쯤 도전해보고 싶었던 음식을 먹고 싶다.**
- 해외나 국내의 방문하고 싶었던 도시에 가고 싶다.
- ○○을 사고 싶다.
- ○○에서 살고 싶다.
- ○○을 만나서 감사의 마음을 전하고 싶다.
- ○○을 체험해보고 싶다.
- ○○을 보고 싶다.
- ○○을 키우고 싶다.
- **동경하던 ○○을 만나고 싶다.**
- ○○을 개업하고 싶다.

어떤 대답이든 상관없다. '이것만 실현된다면 죽어도 여한이 없겠다'라는 이상적인 바람이어도 괜찮다. 단답형이어도 좋으니 가능한 한 많이 적어보기 바란다. 쓰고 싶은 만큼 썼다면 다음 질문에 대답해보자.

질문 ② **만약 3개월 후에 죽는다면 남은 시간 동안 무엇을 하고 싶은가?**

이 질문에 대해서도 앞선 질문과 같이 대답해보자. 이어지는 다음 질문들에 대해서도 마찬가지로 답해보자.

질문 ③ **만약 1년 후에 죽는다면 남은 시간 동안 무엇을 하고 싶은가?**

질문 ④ **만약 3년 후에 죽는다면 남은 시간 동안 무엇을 하고 싶은가?**

질문 ⑤ **만약 20년 후에 죽는다면 남은 시간 동안 무엇을 하고 싶은가?**

어떤가? 비슷한 질문이 계속되어 당황한 사람도 있겠지만, 이 질문들에는 목적이 있다. 바로 '평생에 걸쳐, 죽을 때까지 자신이 정말로 실현하고 싶은 일'을 분명히 하는 것이다.

라틴어 격언 중에 '메멘토 모리Memento Mori'라는 말이 있다. '자신의 죽음을 기억하라'라고 번역할 수 있는데 '나는 언젠가 반드시 죽는다. 그 사실을 기억하라'라는 의미다. 이 말을 의식하며 인생에서 남은 시간을 한정해보면 자신에게 정말 중요한 것이 무엇인지를 다시 생각해볼 수 있다.

많은 사람에게 이 질문을 하고 답변을 들었는데, 다섯 가지 질문에 대한 답변 중에는 자신이 하고 싶은 일에 대한 힌트가 반드시 포함되어 있었다. 예를 들어 '외국'에 관련된 표현이 많이 나온 사람이 있다고 해보자. '이탈리아의 건축물을 보고 싶다', '세계 유산으로 지정된 스페인의 유적지에 방문하고 싶다', '뉴욕의 유명 액세서리 브랜드의 본점에 가보고 싶다'와 같은 대답을 하는 사람은 라이프 워크에서 외국과 관련된 요소를 중요시한다고 볼 수 있다.

또한 '패션'이나 '꽃'처럼 색과 관련된 표현이 많이 나오는 사람이 있는가 하면, '사람들과 만나는 것', '스포츠'와 관련된 표현, '동물'이나 '자연보호'와 관련된 표현, '조용하고 치유받을 수 있는 공간'과 관련된 표현, '음악 공연'이나 '맛있는 식사'와 관련된 표현이 많이 나오는 사람도 있다. 물론 딱 한 번 나오는 표현이라도 그것만 할 수 있다면 더할 나위 없이 행복할 것이라고 예상되는 일도 있다.

사실 이러한 표현들은 '라이프 워크의 방향성'을 나타낸다. 왜냐하면 질문에서 제시한 남은 시간이 일주일에서 20년까지 길면 길수록 더욱 본질적인 대답이 나오는 경향이 있기 때문이다.

예를 들어 '개발도상국의 아이들을 돕는 재단을 만들고 싶다'라는 문장을 적었다고 해보자. 매우 원대한 목표라서 실현

가능성까지는 알 수 없지만, 적어도 라이프 워크의 방향성은 파악할 수 있을 것이다. 그러면 '지역 아동의 장래에 공헌한다'라는 가까운 활동부터 생각해볼 수 있고, 그것은 '아이들을 위한 식당을 연다'라는 구체적인 목표로 이어질 것이다.

한편 '지금과 변함없이 일상을 유지하면 된다'라고 답하는 사람도 있을 것이다. 물론 그것도 괜찮다. 현재 생활이 라이프 워크라는 것을 깨달았다는 의미이기 때문이다.

예전에 자신의 분야에서 활약 중인 젊은 여성 경영자를 분석한 적이 있다. '일에서는 성공했는데 뭔가 부족한 기분이 든다'라는 말을 버릇처럼 하는 사람이었다. 그래서 앞서 소개한 다섯 가지 질문을 했더니, 일주일부터 1년 후에 대한 질문에서는 일에 대한 답변만 나왔지만, 3년 후에 대한 질문에서는 갑자기 전혀 다른 답변이 돌아왔다. 바로 "결혼해서 아이를 키우고 싶어요"라고 답한 것이다.

당사자도 자신의 입에서 그런 말이 나왔다는 것에 매우 놀랐다. 하지만 그녀가 정말 원하는 것은 자녀를 키우는 것이었다. 돌이켜보니 어렸을 때부터 화목한 가정을 이루고 싶다는 바람이 있었지만 바쁘게 지내면서 그런 꿈은 잊고 살았다는 것이다. 그 사실을 깨닫고 나서 그녀는 몇 년 후에 결혼을 했고, 지금은 일도 가정도 충실하게 꾸리고 있다고 한다.

1년 후, 3년 후, 20년 후에 죽는다고 생각하면 '남은 시간 동안 인생에서 무엇을 이루고 싶은가'라는 질문에 대한 대답이 자연스럽게 떠오른다. 우리가 정말로 하고 싶은 일은 바쁜 일상 속에서 잊고 살기 마련이지만, 죽음을 의식함으로써 자신이 진심으로 바라는 것이 보이기 시작하는 것이다.

CHAPTER 6

라이프 워크를 발견하는 작은 습관 열 가지

How to
find
what you want
to do

매일 한 가지씩
라이프 워크의 원석을 실천한다

제3장에서 '일흔일곱 가지 동사' 중에 어떤 동사를 골랐는가? 그때 선택한 동사는 그 사람의 개성 그 자체이다. 그러니 정말 천차만별일 것이다.

자신이 고른 동사는 스스로를 새롭게 바라볼 수 있게 해준다. 예를 들어 '정리하다'라는 동사를 좋아한다고 해보자. 그것을 한번 인식하고 나면 뇌의 주의 편향이 작동해 일상생활의 다양한 상황에서 그 동사와 관련된 정보가 머릿속으로 들어온다. 영화를 보다가 무의식적으로 등장인물 사이의 관계를 정리하는 자신을 발견하거나, 식사 후에 그릇을 정리하다 보면 어느새 같은 종류의 그릇끼리 분류하고 있는 것을 알아차리는 등 '정리하는 일을 좋아한다'라는 자신의 성질을 인식하게 되는 것이다. 이러한 깨달음이 쌓일수록 자기 이해가 깊어지고 라이프 워크에 더욱 가까워진다.

일을 하다 보면 매우 흥미로운 경험을 할 때가 있다. 개인적으로 '뛰어넘다'라는 동사를 아주 좋아하는데, 기업 경영자나 교육 현장에서 일하는 교사에게 뇌의 구조와 함께 직원이나 학생이 재능을 발휘하도록 이끄는 방법을 알려주면서, 나 자신과 고객이 한계를 뛰어넘는 데 만족감을 느낀다.

그런데 신기하게도 강연회나 연수 프로그램을 열면 벤처기업 경영자, 자영업자, 신기록을 목표로 하는 운동선수 등 '뛰어넘는 일'에 흥미와 보람을 느끼는 사람들이 모여든다. 즉, **동사에 초점을 맞춰 활동하면, 같은 가치관을 가진 사람들이 모이고, 그 덕분에 하는 일도 잘 풀리는 나선형 상승 곡선에 올라탈 수 있는 것이다.**

예로부터 심리학에서도 생각한 것이 현실이 되는 현상을 '자기 충족적 예언Self-Fulfilling Prophecy'이라고 명명했다.[1] 그러한 현상은 자신이 고른 동사와 관련된 활동을 하다 보면 거기에 매력을 느끼는 사람들이 모이면서 그 동사를 더욱 활발하게 실행하게 되는 구조 때문일지도 모른다.

지금부터 자신이 좋아하는 일을 쉽게 알게 해줘서 라이프 워크를 발견하는 데 도움이 되는 게임을 한 가지 소개하겠다. '라이프 워크의 원석'인 일흔일곱 가지 동사 중에서 자신이 고른 일곱에서 열 가지의 동사를 카드에 적어보자. **그리고 매일 아침 무작위로 카드를 한 장 뽑아서 거기에 적힌 동사를 실행해 보는 것이다.**

예를 들어 '선물하다'라는 카드를 뽑았다면, 그날 하루는 누군가에게 무엇을 선물하면 좋을지 생각해보자. '조합하다'라는 카드를 뽑았다면 블록을 쌓거나, '무더운 여름날에 화이트 와인과 잘 어울리는 요리는 무엇일까?' 같은 질문에 대해 생각해보자.

자신이 원하는 감정을 충족시키는 동사를 자주 실행함으로써 좋아하는 것을 알아차리는 감각이 예리해지기를 바란다. 그러면 라이프 워크를 발견할 확률이 더 높아질 것이다.

여행을
떠난다

일이나 인간관계에서 자신감을 잃으면 시야가 좁아진다.[2] 시
야가 좁아지면 스트레스를 주는 것에만 온 신경이 쏠리고 하
고 싶은 일 같은 건 생각하지 못하게 된다. 그런데 이렇게 사
고의 폭이 좁아질 때 장소를 바꾸었더니 기분 전환이 되어서
그때까지 자신을 괴롭히던 문제가 사소해 보이거나, '이런 방
법이 있었구나!' 하고 해결책을 얻은 적이 한 번쯤은 있을 것
이다. 이런 현상은 뇌의 해마에 있는 '장소 세포Place Cells'의 작
용과 관련이 있다.[3]

장소 세포란 장소나 공간을 파악하는 역할을 하는 세포다.

특정 장소에 있을 때 발화하는 세포인데, 같은 장소에 오래 머물면 그곳이 익숙해져서 더 이상 발화하지 않는다는 성질이 있다. 그런데 장소를 이동하면 또다시 발화하기 때문에 그에 따라 뇌는 활성화한다.

우리가 기억해야 할 것은 최근 연구에서 밝혀진 장소 세포의 활성화는 해마와 뇌의 사령탑인 전전두피질 일부의 활성화와 연동된다는 사실이다.[4]

전전두피질은 감정에 제동을 거는 영역이기도 하다. 이곳이 활성화되면 불안한 감정을 객관적으로 바라볼 수 있어서 부정적인 감정이 사라지기 때문에 자신에 대해 냉정하게 생각할 수 있게 된다. 즉, 시야가 넓어지는 것이다. 심리학에서는 이러한 현상을 '조망 효과Overview Effect'라고 한다.[5]

우주에서 지구를 내려다본 우주비행사는 인간이란 얼마나 작은 존재인지 실감할 것이다. 그것은 조망 효과의 대표적인 예이다. 지구 밖에서 자신을 바라보듯이 자신의 내면이나 경험으로부터 거리를 두면, 오히려 그것들을 객관적으로 볼 수 있다. 이런 상태에 있다면 만물을 다각도에서 폭넓은 시야로 볼 수 있을 것이다.

앞서 '인간은 자신의 적성이나 능력을 잘 안다고 믿지만, 사실은 그렇지 않다'라고 했는데, 그것과도 일맥상통하는 이야기이다. 타인의 객관적인 시선으로 나라는 사람을 올바르게 평가

할 수 있듯이, 조망 효과에 의해 '내성 착각'에서 벗어나 타인의 관점으로 자신을 바라보면 나에 대한 이해가 깊어진다.

이러한 효과를 얻는 방법으로써 정기적으로 여행을 떠나는 것을 추천한다. 여행이라는 비일상적인 활동을 통해 일상에서의 자신을 타인처럼 인지하고 그때까지의 사고방식에서 벗어날 수도 있다. 여행지에 있으면 '어째서 그렇게 사소한 문제로 고민했던 거지?'라는 생각을 하게 되는 것도 그런 이유에서다.

여행을 가는 것이 여의치 않다면 근처 공원이나 좋아하는 카페에 가는 것만으로도 조망 효과를 얻을 수 있다. 그러니 이런저런 고민에 빠져 있다면 방에만 있지 말고 일단 밖으로 나가보기 바란다.

참고로 평소에 일하던 장소를 벗어나 공유 오피스나 카페 등에서 일하는 것만으로도 기분 전환이 된다. 잠시 자리에서 일어나 커피를 내리거나 동료들과 잡담을 나누는 것도 같은 효과가 있다. 이는 장소 세포를 포함한 뇌의 넓은 영역이 발화해 뇌가 활성화되기 때문에 일어나는 현상이다. 최근 들어 뇌의 쾌락 중추인 보상계를 구성하는 선조체도 활성화된다는 연구 결과도 보고되고 있다.[6] 선조체가 활성화되면 보상, 쾌감, 동기부여 등에 관여하는 호르몬인 도파민이 분비된다. 자신에 대해 객관적으로 이해하고 싶다면 장소를 바꾸자. 이 방법을 기억해두기 바란다.

샛길로
빠져본다

장소를 바꾸는 것에서 나아가 '샛길로 빠지는 것'도 추천한다. 현대 사회는 과도하게 효율을 추구하는 나머지, 동영상을 볼 때도 시간을 단축하기 위해 배속으로 재생하는 사람들이 있다. 물론 업무나 학습을 효율적으로 진행하는 데 도움이 되기도 할 것이다. 하지만 제1장에서도 설명했듯이, 쓸모없어 보이는 일을 했더니 좋아하는 일을 발견하게 되고, 결국 라이프 워크를 찾는 데 지름길이 되는 경우도 있다.

예를 들어 체육 교사가 되려고 했던 한 남성이 있었다. 그는 필수 과목으로 연극 수업을 듣게 되었는데, 그때 운동보다 연극이 재미있다는 것을 깨닫고 연극에 빠지게 되었다. 그 사람이 바로 'X맨 시리즈'에서 활약한 세계적인 배우 휴 잭맨^{Hugh Jackman}이다.

입사한 지 3일 만에 회사를 그만두며 스스로를 쓸모없는 인간이라고 생각한 사람이, 아르바이트를 하며 지내던 시절에 동양 사상을 접하고 감명받아서, 부당한 대우를 받으며 괴롭힘을 당하는 파견 사원을 위한 파견회사를 설립한 예도 있다. 그 회사는 지금은 연 매출이 300억 원 이상인 회사로 급성장했다. 그 외에도 월트 디즈니^{Walt Disney}, 레오나르도 다빈치^{Leonardo da Vinci}, 코코 샤넬^{Coco Chanel}, 오드리 헵번^{Audrey Hepburn}, 에이브러햄 링컨^{Abraham Lincoln}도 본업을 찾기까지 여러 직업을 경험한 것으로 알려져 있다.

많은 사람이 성공이란 일직선으로 나아가며 얻을 수 있는 것이라고 생각한다. 그러니 정해진 길에서 이탈하는 것은 비효율적으로 보일 것이다. 하지만 샛길로 빠지는 것이야말로 성공으로 가는 최단 거리가 되기도 한다. 이러한 현상을 나는 '샛길의 법칙'이라고 부른다.

나도 살면서 다양한 샛길로 빠져본 경험이 있다. 대학에서 연구원으로 일하던 시절에도, 국가 공무원으로 일하던 시절에도 일이 나와 맞지 않는다는 생각에 괴로워하던 때가 있었다. 게다가 30대 초반에 난치병 선고를 받았을 때는 라이프 워크에서 멀어지고 있다는 절망감까지 맛보아야 했다.

하지만 지금 되돌아보면 그런 일에는 모두 의미가 있었다. 지금 내가 하는 일에는 연구원 시절에 키웠던 분석 능력, 공무원 시절에 키웠던 말로 이해하기 쉽게 전달하는 능력, 질병이라는 좌절을 통해 키웠던 타인의 심정을 헤아리는 능력이 모두 활용되고 있다. 그 당시에는 영문도 모른 채 살아갔지만, 시간이 흐른 뒤 되돌아보니 현재의 일에 도달하기 위한 최단 거리였다는 사실을 깨달을 수 있었다.

그러니 만약 지금 하는 일이 목표로 향하는 일직선이 아닌 것 같더라도 자신을 비난하지 말기를 바란다. 가끔은 샛길로 빠지는 일도 있는 법이다. 때로는 퇴보하고 있는 것처럼 느껴질 때도 있을 것이다. 하지만 샛길로 빠짐으로써 지금까지 알지 못했던 세계나 자신의 본질을 새롭게 발견할 수도 있다.

시간을 단축하는 것도 중요하지만, 가끔은 목표와 전혀 상관없어 보이는 일을 통해 인생이 의외의 방향으로 풀리기도 한다는 사실을 기억하기를 바란다.

하고 싶지 않은 일을
말로 표현한다

제1장에서는 '위화감을 소중하게 다루자'라고 했다. '나와 잘 맞다'라는 느낌이 아니라 '안 맞는 것 같다'라는 위화감 말이다. 이 감정은 좋아하는 것을 찾는 데 강력한 단서가 된다. 왜냐하면 위화감을 느끼는 것의 반대에 좋아하는 것이 있기 때문이다.

당연한 이야기를 한다고 생각하는 사람도 있을 것이다. 하지만 일상생활에서 자신이 싫어하는 것을 명확하게 말로 표현하는 일은 의외로 많지 않다. 그러니 위화감에서 한 단계 나아가 '절대로 하고 싶지 않은 것'을 적어보기 바란다. 그러면 홍

미로운 사실을 발견할 수 있을 것이다.

예를 들어 '단순 작업을 반복하는 것은 괴롭다', '살찌고 싶지 않다', '자유롭게 외국으로 나갈 수 없는 일은 피하고 싶다'라고 썼다고 해보자. 그러면 '창의적인 일을 하고 싶다', '몸을 많이 움직이고, 건강한 식생활을 하고 싶다', '외국에서도 일할 수 있거나 장기간 휴가를 쓰기 쉬운 직종에서 일하고 싶다'같이 싫다고 말한 것과 정반대에 있는 것을 생각해낼 수 있다.

단순해 보이지만, 자신이 무엇을 좋아하고 무엇을 싫어하는지 자신의 가치관을 말로 표현하는 작업을 함으로써 자신이 진심으로 바라는 것을 파악할 수 있다. 특히 긍정적인 표현이 많지 않은 사람에게 '하고 싶지 않은 일은 무엇인가?'라고 물으면 부정적인 표현이 봇물 터지듯이 쏟아져나오는 경우가 있다. 그러한 답변은 결코 쓸모없지 않으며 오히려 자신에 대한 이해를 넓혀주므로 꼭 한번 시도해보기 바란다.

작은 변화를
시도한다

제1장에서 소개한 '안전지대'를 기억하는가? 안전지대란 자신
이 안심할 수 있는 행동 영역이자 스트레스를 받지 않는 영역
을 가리킨다. 예를 들어 늘 만나던 사람과 만나고, 먹던 음식을
먹고, 다니던 길로 출퇴근하는 것. 이렇게 '매일 반복되는 것'
이 우리를 안심하게 해준다.

그런데 라이프 워크를 찾지 못한 수많은 사람을 만나본 결
과, '하고 싶은 일', '좋아하는 일'은 모순되게도 안전지대 바깥
에 있는 경우가 많다는 사실을 알게 되었다. 그러니까 매일 같
은 행동만 하다 보면 좋아하는 일을 영영 찾을 수 없다는 딜레

마에 빠지고 만다. 그러니 오히려 한 번쯤은 비안전지대로 나가서 안전지대를 넓히는 것이 중요하다.

그렇다고는 해도 익숙한 환경이나 습관을 갑자기 바꾸는 것은 누구에게나 어려운 일이다. 그럴 때 도움이 되는 방법이 작은 변화부터 시작하는 것이다. 익숙한 일상의 순간에 약간의 변화를 주는 것만으로도 충분하다.

- 자주 가는 식당에서 새로운 메뉴에 도전해본다.
- 퇴근 후에 집으로 가는 경로를 바꿔본다.
- 평소 잘 보지 않는 장르의 영화를 본다.
- 서점에서 평소에는 가지 않는 분야의 코너에 가본다.
- 포털에 한 번도 검색해본 적 없는 단어를 검색해본다.
- 목욕할 때 평소에 쓰지 않던 아로마 오일을 사용해본다.
- 앱이나 지도를 보지 않고 목적지까지 가본다.
- 지금까지 사본 적 없는 꽃으로 집을 꾸며본다.

갑작스러운 큰 변화에는 뇌가 공포를 느끼지만, 이 정도로 작은 변화에는 쾌감을 느끼므로 안전지대에서 벗어나는 것에 조금씩 재미를 붙일 수 있다. 예상치 못한 새로운 일은 뇌의 의욕 호르몬인 도파민을 분비시킨다.[7]

한번 시도해봤지만 즐겁지 않았다면, 그것 역시 자신이 무엇을 좋아하지 않는지 깨닫게 해준 좋은 경험이 된다. 긍정적인 경험이든 부정적인 경험이든, 모든 경험은 자신의 본질을 이해하는 데 힌트가 된다.

새로운 사람과
만난다

일상에 작은 변화를 주는 방법 중에 새로운 사람을 만나는 것도 중요하다. 우리는 자신도 모르는 사이에 다른 사람에게 영향을 받는다. 예를 들어 운이 좋은 사람과 함께 있으면 자신도 운이 좋아지는 것처럼 느껴질 때가 있다. 반대로 운이 나쁜 사람과 있으면 자신까지 운이 안 좋아지는 것처럼 느껴지기도 한다.

그것은 단순히 기분 탓이 아니라 '거울 뉴런'이 작동한 결과이다. 거울 뉴런은 눈앞에 있는 사람의 시각 정보부터 몸짓, 호흡, 기분, 감정까지 재현하기 때문에 자신까지 그 사람과 같은 감정을 느끼게 된다. 누가 우는 모습을 보면 따라서 우는 것, 운동 경기를 보면서 덩달아 몸을 움직이는 것은 거울 뉴런에 의해 나타나는 현상 중 대표적인 예이다. 그러니까 자신이 무엇을 좋아하는지 모르는 사람의 주변에는 하고 싶은 일을 하면서 사는 사람이 없을 가능성이 있다.

하고 싶은 일을 하면서 사는 사람을 보는 것만으로도 그 사람의 즐거운 감정과 사고방식이 전달되므로 자신의 가치관이나 행동까지 바뀌게 된다. 이러한 현상을 전문 용어로는 '점화효과Priming Effect'라고 하며, 어떤 정보를 먼저 접하느냐에 따라서 이후의 태도나 행동이 달라지는 현상을 가리킨다.[8]

따라서 좋아하는 것을 찾고 싶다면, 하고 싶은 일을 하면서 활기차게 살아가는 사람 주변에 있는 것이 가장 쉬운 방법이라고 볼 수 있다.

이렇게 말해도 하고 싶은 일을 하면서 사는 사람이 내 주변에는 없다고 하는 사람도 있을 것이다. 그럴 때는 동영상을 이용하는 것도 좋은 방법이다. 다행히 요즘 동영상 사이트에는 좋아하는 일, 하고 싶은 일을 직업으로 삼고 활약하는 사람들의 영상을 쉽게 찾아볼 수 있다. 또한 OTT 사이트나 영화를 통해서도 다양한 직업의 세계를 간접 체험할 수 있다. 직업으로서 좋아하는 일을 찾고 싶다면 성공한 사업가나 운동선수를 인터뷰하는 방송도 추천한다. 이를 통해 자신이 좋아하는 일을 하며 활약 중인 사람들의 사고방식을 배울 수 있다.

동영상뿐만 아니라 전기傳記나 자서전 같은 책을 통해서도 좋아하는 일을 직업으로 삼은 사람들의 사고방식을 접할 수 있다. 나는 어렸을 때 《파브르 곤충기Souvenirs Entomologiques》를 좋아했다. 파브르가 동물들의 대변을 청소해주는 쇠똥구리의 움직임에 주목했다는 부분을 읽고, '박사는 이렇게 사소한 움직임까지 관심을 가지고 관찰하는구나!', '공부라는 건 알려주는 것을 그대로 외우는 것뿐만 아니라 스스로 주제를 정해서 연구해나가는 것이구나!'라고 깨달았다. 그러한 생각은 여전히 내 안에서 공고히 자리 잡고 있다. 어린 시절에 읽었던 이야기가 성인이 된 지금까지 살아 숨 쉬고 있는 것이다.

위인의 전기를 접하면 마치 자신이 성장한 것처럼 느껴지는 것도 결코 기분 탓이 아니다. 큰 좌절을 딛고 일어나 꿈을 이룬 사람의 이야기를 보고 들으면 나 역시도 어려움을 극복하는 힘을 얻을 수 있다.

머리로 고민만 하면서 라이프 워크를 찾으려고 애써도 찾지 못하는 것은 새로운 사람, 새로운 삶의 방식과 만나지 못했기 때문일지도 모른다. **사람은 지식보다 인간을 통해서 크게 변화하는 법이다.**

미래뿐만 아니라 과거도 소중히 여긴다

세상에는 미래만 바라보며 라이프 워크를 찾는 사람이 있다. 하지만 자신의 과거를 되돌아보는 것도 하고 싶은 일을 찾는 데 효과적인 방법이다. 예를 들어 '그 시절에는 이유 없이 즐거웠어', '그때는 왠지 의욕이 샘솟았지', '어릴 때 이런 걸 하면서 자주 놀았어'처럼 과거를 떠올려보는 것이다. 과거에 좋아했던 일, 좋아했던 과목, 왠지 오랫동안 계속할 수 있었던 활동 등에서 라이프 워크에 대한 힌트를 발견하는 경우도 있다.

'세 살 버릇 여든까지 간다'라는 속담이 있듯이, 지금까지 15년 동안의 연구를 통해 알게 된 것은 어렸을 때 좋아했던 것

중에는 어른이 된 후 좋아하게 된 것과도 본질적으로 이어지는 부분이 있다는 사실이다. 예를 들어 상담을 받기 위해 나를 찾아온 사람 중에 어렸을 적에 인형 옷을 갈아입히는 것을 좋아했다고 말한 여성이 있었다. 좋아한 이유를 물어보니 다양한 조합을 만들 수 있기 때문이라고 했다. 참고로 그 사람의 직업은 여행 플래너였다. 이는 고객 한 사람 한 사람의 요구 사항에 맞춰서 다양한 일정을 조합하는 일이라고 할 수 있다.

이렇듯 사람의 본질은 자기도 모르게 어렸을 때부터 얻고 싶었던 감정을 충족시키는 '동사'로 나타나고, 그것은 어른이 되어서도 거의 바뀌지 않는다.

어렸을 때 일은 전부 잊어버려서 기억이 안 난다면 가족이나 어린 시절 같이 놀았던 친구들에게 물어보자. "어렸을 때 나는 언제 가장 즐거워 보였어?"라고 물어보면 의외로 많은 힌트를 얻을 수 있을 것이다.

또한 과거에 칭찬받았던 일에도 라이프 워크의 힌트가 숨겨져 있다. 2015년 워싱턴대학교University of Washington의 조슈아 잭슨Joshua J. Jackson 연구팀은 '타인의 의견이 더 정확하다'라는 사실을 밝혀냈다.(제1장 59쪽 [35]) 600명을 대상으로 75년에 걸친 장기 연구(심리학 연구 중에서도 가장 긴 연구 중 하나이다)를 시행한 결과, 피험자의 친한 친구는 피험자의 성격을 정확히 알아맞힌다(수명까지 예측할 수 있을 정도였다)는 사실을 알아냈다. 그러니 다른 사람에게 칭찬을 받았던 일 중에서도 자신이 하고 싶은 일을 찾을 수 있다는 사실을 잊지 말자. 인간은 나이가 들수록 좋아하는 것만 계속 좋아하는 경향이 있는데, 자신에 대해서 다른 사람에게 물어보면 예상치 못했던 자신의 모습을 발견해 놀라울 것이다.

무엇에 돈을 썼는지
점검한다

전문적인 미술 교육을 받지 않은 것으로 유명한 예술가인 헨리 다거Henry Darger라는 사람이 있었다. 그는 60년 동안 집에서 방대한 양의 그림을 그리고 소설을 집필했으나 어디에도 자신의 작품을 발표하지 않았다. 그의 존재와 작품이 세상에 알려진 것은 그가 죽고 난 후였다.

'누가 시키지 않아도 저절로 하게 되는 일'에는 굉장한 힘이 있다. 그리고 그것보다 놀라운 것이 '돈을 들여서 한 일'이다. 왜냐하면 돈을 들여서까지 해온 일에는 훨씬 더 놀라운 힘이 숨겨져 있기 때문이다.

'인생에서 돈을 가장 많이 쓴 대상은 무엇인가?'라는 질문을 스스로에게 던져보자. 해외여행, 패션, 와인, 대인관계, 책, 음악, 학습, 자격증, 식사, 미용 등 무엇이든 좋다. 당사자에게는 당연한 일이며 특별할 것 없다고 생각할지도 모르지만 그 정도로 자연스럽게 돈을 써온 일 중에 '좋아하는 것'이 감춰져 있기도 하다.

한번쯤은 자신의 인생을 되돌아보며 어디에 돈을 썼는지 확인하는 시간을 가져보기 바란다. 그러다 보면 당신이 좋아하는 것을 재발견하는 놀라운 경험을 할 수도 있다.

자신의 감정에
솔직해진다

나는 '좋아하는 것'을 찾지 못하는 원인에 대해서도 오랫동안 연구해왔다. 그중에서 큰 부분을 차지하는 것이 '신념 편향Belief Bias'이었다.[9,10] 지금까지 300가지에서 400가지의 신념 편향이 밝혀졌는데, 대표적인 예는 다음과 같다.

- 돈이 없어서 못 한다.
- 시간이 부족해서 할 수 없다.
- 타인의 기대에 반드시 부응해야 한다.
- 성과를 얻어야 한다.

- 실수하면 안 된다.
- 한번 시작한 일은 계속해야 한다.

나는 연구를 통해 인생이 잘 풀리지 않는 사람일수록 이러한 신념 편향 중 적어도 한 가지는 가지고 있다는 것을 확인했다. 그중에는 동시에 서너 가지 이상을 가진 사람도 있었다.

그렇다면 앞서 예로든 신념 편향(가치관이라고도 할 수 있다)을 가지고 있으면 어떤 인생을 살게 될지 상상해보자.

- 돈이 없으니까 시도하지 않는다.
- 시간을 많이 내야 하니까 계속하지 못한다.
- 다른 사람을 위하느라 자신의 감정은 억누른다.
- 성과를 얻지 못하면 풀이 죽어서 과정을 즐기지 못한다.
- 실수를 피하는 데만 집중하므로 그 순간을 누리지 못한다.
- 그만두면 안 된다고 생각하므로 의무감만 남는다.

신념 편향 때문에 이런 상태가 되다 보니 좋아하는 것이 눈앞에 있어도 좋아한다고 느끼지 못한다.

이러한 상태를 개선하는 데에는 제1장에서 다룬 '정말 그런가?'라고 스스로에게 질문하는 것이 도움이 된다.

- 돈이 없어서 못 한다는 것은 사실인가?
- 시간이 없어서 할 수 없다는 것은 사실인가?
- 타인의 기대에 반드시 부응해야 한다는 것은 사실인가?

이런 질문을 스스로 던지면, 자신에게 당연하던 신념이 그자리에서 바뀌기도 하고 시간이 지나면서 약해지기도 한다.[11] 변화에 필요한 시간은 사람마다 다르지만, 질문을 통해서 편향에 영향을 줄 수 있다는 것은 확실하다.

무엇보다 신념 편향에 영향을 주기에 좋은 방법은 자신의 감정에 솔직해지는 것이다. 앞서 논리보다 직감을 따르는 것이 라이프 워크를 찾는 데 적합하다고 이야기했었다. 편향이 작용하면 아무래도 이성적으로 생각하게 되므로 라이프 워크를 찾을 때 방해가 되는 것이 사실이다. 한편 상대방의 입장을 먼저 생각하는 사람도 자신의 감정에 솔직하지 않은 것이다. 자신의 감정에 솔직한 이상적인 모습으로 하루아침에 탈바꿈하라는 말은 아니지만, 조금씩 그러한 상태를 목표로 나아간다면 좋아하는 것을 발견하는 데 도움이 될 것이다.

둘 중에 하나를 고르지 말고 둘 다 얻는다

성공하는 사람과 성공하지 못하는 사람 사이에는 무수히 많은 차이점이 있는데 그중에 눈에 띄는 점이 하나 있다. 바로 선택 지가 두 가지인 경우, 성공하는 사람은 둘 다 얻으려고 한다는 점이다.

우리는 두 가지 선택지 앞에서 망설이고는 한다. 예를 들어 쉬는 날에 바다에도 가고 싶고, 산에도 가고 싶다고 해보자. 보통은 둘 중 하나를 고르려고 할 것이다. 하지만 성공하는 사람은 두 가지 모두를 충족시키는 방법을 찾는다. 낮에는 바다에 가고, 저녁에는 산에서 글램핑을 하는 것이다. 식당에서도 스테이크와 파스타 중 무엇을 먹을지 고민하는 것이 아니라 둘 다 먹을 수 있는 방법을 생각해본다.

두 가지 선택지를 두고 고민한다는 것은 두 가지 모두 마음에 든다는 뜻이다. 그렇다면 두 가지 모두 택함으로써 더욱 마음에 드는 것을 발견할 수도 있고, 자신에게 어울리는 위치를 찾을 수도 있다.

라이프 워크나 취미를 고를 때도 마찬가지다. 작곡도 하고 싶고, 노래도 부르고 싶다면 싱어송라이터가 되면 되고, 투수도 하고 싶고, 타자도 하고 싶다면 투수 겸 타자를 목표로 하면 된다. 나는 하나의 주제를 연구하는 것을 좋아하고, 사람들과 이야기 나누는 것도 좋아한다. 이 두 가지를 모두 경험할 수 있는 직업을 찾았더니 지금 하는 일과 만날 수 있었다.

남에게 피해를 주는 것만 아니라면, 이 세상에서 당신이 누릴 수 있는 것에 제한은 없다. 제한이 있다면 '내가 누릴 수 있는 것에는 한계가 있다'라고 생각하는 자기 자신의 생각이 가장 큰 제한이다. 그 사실을 깨닫기 위해서라도 두 가지 선택지로 고민할 때 둘 다 취하는 쪽을 택해보자. 이러한 사고방식을 기억한다면 좋아하는 것을 선택하는 범위가 훨씬 넓어질 것이다.

30대 초반에 투병 생활을 하던 때의 일이다. 책에서 우연히 에디슨의 이 말을 읽게 되었다.

"나는 지금까지 단 하루도 일을 하지 않았다. 내가 한 것은 모두 재미있는 놀이였다."

충격이었다. 날 정말로 즐겁게 만드는 일은 억지로 참아가며 성과만 바라던 내 인생과는 너무나도 다른 삶이었다. 지금까지 믿어온 세상이 한순간에 무너져내리는 것만 같았다. 그리고 그 말 한마디가 '하고 싶은 일을 찾아가는 과정'을 더욱 깊이 탐구하도록 나를 이끌었다.

그렇게 연구를 진행하면서 가장 놀랐던 점은 의외로 내가 목표를 정하지 않는 쪽이 잘 맞는 유형이라는 것이었다. 강연회에 1,000명을 모으겠다는 목표를 세울 때보다 흥미로운 의뢰 하나를 제대로 수행했을 때 결과에 대한 반응도 좋았고 또 다른 의뢰로 이어지기도 했다. 이 책도 마찬가지다. '하고 싶은 일'을 찾고 싶다는 많은 사람의 요청에 대한 응답으로 한 권의 책을 만들게 된 것이다.

감정에는 마법 같은 힘이 있다. 아름다운 것을 보았을 때 느끼는 설렘, 누군가와 대화를 나눌 때 느끼는 기쁨, 아이들의 웃음소리를 들을 때 느끼는 행복, 낯선 대상에게 느끼는 호기심, 타인을 위하는 순간 느끼는 뿌듯함…. 이러한 감정 하나하나를 따라가면서 작은 문을 열다 보면, 무언가에 이끌리듯이 인생의 큰 문이 열리기도 한다. 그리고 그 문 너머에는 밝게 빛나는 '진짜 자신'이 당신을 기다리고 있다.

지구상에 살아 있는 생명체에게는 반드시 각자에게 맞는 역할이 있다. 사람들이 기피하는 장구벌레는 더러운 물에 살면서 물을 정화하는 역할을 하기에 아마존의 생태계가 유지되고 산소가 만들어지며 생명체들이 살아 갈 수 있다.

이 세상은 오케스트라와 같아서 각자가 가진 본연의 음색이 모두 합쳐졌을 때 상상할 수 없을 정도로 멋진 하모니가 완성된다. 지구상의 모든 사람이 자기답게 살아가고, 각자의 역할을 해내며, 웃으면서 살 수 있는 세상. 이 책이 그런 세상을 만드는 데에 조금이라도 도움이 될 수 있다면 저자로서 그보다 더 기쁜 일은 없을 것이다.

뇌과학자 니시 다케유키

참고 문헌

시작하며

1   정말 하고 싶은 일인 '소명'에 관해 최근 10년 동안 200건 이상의 논문
     이 발표되었다.
     Duffy R. D., Dik BJ, Douglass R. P., England JW, Velez BL. Work as a
     calling: A theoretical model. J Couns Psychol. 2018 Jul;65(4):423-439
     / Sawhney, G., Britt, T. W., & Wilson, C. (2020). Perceiving a Calling
     as a Predictor of Future Work Attitudes: The Moderating Role of
     Meaningful Work. Journal of Career Assessment, 28(2), 187-201

Chapter1. 하고 싶은 일을 찾지 못하는 열두 가지 원인

1   선택지가 많을 때는 이성보다 직감에 따를 때 올바른 선택을 할 수 있다.
     Dijksterhuis, A., Bos, M.W., Nordgren, L.F. & van Baaren, R.B. (2006).
     On Making the Right Choice: The deliberation-without-attention ef-
     fect. Science, 311 (5763), 1005-1007
2   아이돌 오디션 프로그램의 우승자를 예측할 때 직감에 따르는 편이 적
     중률이 높았다.
     Michel Tuan Pham, et.al."The Emotional Oracle Effect", Journal of
     Consumer Research, 2012, Vol.39(3), p.461-477
3   직감은 대뇌기저핵이 담당한다.

Xiaohong Wan, et.al.,"The Neural Basis of Intuitive Best Next-Move Generation in Board Game Experts", Science, 2011, Vol. 331(6015), p. 341-346

4 게임을 여섯 번 실시했을 때보다 스물네 번 실시했을 때 게임에 대한 직감이 발동하기 쉽다.
Marius Usher, et.al., "The impact of the mode of thought in complex decisions: intuitive decisions are better" Front. Psychol., Vol.15, 2011, https://doi.org/10.3389/fpsyg.2011.00037

5 무의식적 편견.
Ogunleye TA. Unconscious Bias. Dermatol Clin. 2023 Apr;41(2):285-290.

6 위화감은 이상적인 자신과 실제 자신의 모습이 일치하지 않을 때 생긴다.
Rogers,C. R. 1951 Client centered therapy : Its current practice,implications and theory. Boston : Hough-ton Mifflin / Higgins,E.T., Klein,R. L., & Strauman,T.J. 1987 Self-dis- crepancies : Distinguishing among self - states , self - state conflicts , and emotional vulnerabilities .In K . Yardley & T.Honess (Eds.), Self and identity : Psy- chosocial perspectives pp.173-186.Chichester,Eng- land : Wiley.

7 위화감은 자신을 이해하는 데 도움이 된다.
Duval,S. & Wicklund,R.A. 1972 A theory of objective self awareness. New York : Academic Press.

8 열두 명과 사귄 후에 이상적인 연인을 찾으면 75퍼센트의 확률로 발견할 수 있다.
Clio Cresswell, "Mathematics And Sex", Allen & Unwin(2004/9/28)

9 능력을 칭찬받은 아이는 어려운 일에 도전하지 않는다.
Mueller, C.M., & Dweck, C.S.,"Praise for Intelligence Can Undermine Children's Motivation and Performance", Journal of Personality and Social Psychology, 1998, Vol.75, p.33

10 자신에게 선택권이 있을 때 행복도가 높아진다.
西村和雄, 八木匡,「幸福感と自己決定——日本における実証研究/ RIETI- 独立行政法人経済産業研究所」, 2018

11 통제할 수 있는 상황에서는 낙관주의가 강화된다.

G.Menon, et.al. "Biases in social comparisons: Optimism or pessimism?", Organizational Behavior and Human Decision Processes, 2009, Vol.108, p.39-52

12 자신이 통제할 수 있다고 믿는 것만으로도 낙관적으로 생각할 수 있게 된다.

A. Bracha & D.J. Brown, "Affective decision making: A theory of optimism bias", Games and Economic Behavior, 2012, Vol.75, p.67-80

13 자신에게 없는 것에 끌린다는 논리로 '대인관계에서의 상보성 원리'라고 한다.

Kiesler, D. J.(1996). Contemporary interpersonal theory and research: Personality, psychopathology, and psychotherapy. New York: Wiley / Sadler, P., & Woody, E. (2003). Is who you are who you're talking to? Interpersonal style and complementarily in mixed-sex interactions. Journal of Personality and Social Psychology, 84(1), 80-96.

14 작은 목표를 세우는 것만으로도 전전두피질이 활성화된다.

Hosoda C., et.al.,"Plastic frontal pole cortex structure related to individual persistence for goal achievement", Commun. Biol., 2020, Vol.3(1):194

15 인간은 성과를 낼 때보다 성장하고 앞으로 나아갈 때 기쁨을 느낀다.

Zhang, Y., & Huang, S.-C. "How endowed versus earned progress affects consumer goal commitment and motivation", Journal of Consumer Research, 2010, Vol.37(4), p.641-654

16 행복도는 업무의 생산성에 10퍼센트에서 12퍼센트까지 영향을 준다.

Oswald, Andrew J., Proto, Eugenio & Sgroi, Daniel, "Happiness and productivity", Journal of Labor Economics, 2015, Vol.33(4), p.789-822

17 행복도가 높으면 업무의 생산성은 31퍼센트 향상되고 창조성은 세 배가 된다.

Lyubomirsky S. et.al., "The benefits of frequent positive affect: does happiness lead to success?" Psychol. Bull., 2005, Vol.131(6), p.803-55

18 외향성이 강한 사람은 열정적이고 사회적인 활동을 좋아한다.

Li LN, Huang JH, Gao SY. The Relationship Between Personality Traits and Entrepreneurial Intention Among College Students: The Mediating

Role of Creativity. Front Psychol. 2022 Feb 3;13:822206. doi: 10.3389/fpsyg.2022.822206.

19 말을 잘 듣는 아이는 사회적으로 성공하기 어렵다.

Marion Spengler, et. al., "Student Characteristics and Behaviors at Age 12 Predict Occupational Success 40 Years Later Over and Above Childhood IQ and Parental Socioeconomic Status" Developmental Psychology, July 2015

20 말을 안 듣는 아이는 자기 의견이 뚜렷하고 판단력이 좋다.

Hetzer H., "100 years of child psychology research", Fortschr. Med., 1983, Vol.101(7), p.255-8

21 협동심이 강하고 다른 사람의 의견을 잘 따르는 남성은 상대적으로 그 렇지 않은 사람보다 수입이 약 7,000달러(약 990만 원) 낮은 경향이 있다.

T.A. Judge, B.A. Livingston, C. Hurst.,"Do nice guys--and gals--really finish last? The joint effects of sex and agreeableness on income." J. Pers. Soc. Psychol., 2012, Vol.102(2), p.390-407

22 사적 자기의식.

Scheier,M.F. & Carver,C.S. 1976 Self-focused attention and the experience of emotion:Attraction, repulsion, elation, and depression. Journal of Personality and Social Psychology,35,625-636 / Scheier,M.F., Carver,C.S., & Gibbons,F.X. 1979 Self- directed attention,awareness of bodily states, and suggestibility. Journal of Personality and Social Psychology,37,1576-158. / Cheek,J.M. & Briggs,S.R. 1982 Self-consciousness and aspects of identity. Journal of Research in Person- ality.16,401-408.

23 공적 자기의식.

Fenigstein,A.1979 Self-consciousness,self-attention, and social interaction. Journal of Personality and Social Psychology, 37, 75-86/ Carver,C.S. & Humphries,C. 1981 Havana daydream- ing : A study of self-consciousness and the negative reference group among Cuban Americans. Journal of Personality and Social Psychology,40,545-52./ Cheek,J.M. & Briggs,S.R. 1982 Self-consciousness and aspects of identity. Journal of Research in Person- ality.16,401-408.

24 안전지대와 비안전지대.

Kouvela, E., Hernandez-Martinez, P. & Croft, T. "This is what you need to be learning": an analysis of messages received by first-year mathematics students during their transition to university. Math Ed Res J 30, 165 – 183 (2018). / Vygotsky, L. S. (1978). Mind in society: The development of higher psychological processes. Cambridge, MA: Harvard University Press.

25 이러한 현상을 '현상 유지 편향'이라고 한다.

Samuelson, W. & Zeckhauser, R. "Status quo bias in decision making", J. Risk Uncertainty, 1988, Vol. 1, p.7 – 59

26 안전지대에 계속 머무르면 인간적으로 성장하는 속도가 제한된다.

Woodward, B., and Kliestik, T. (2021). Intelligent transportation applications, autonomous vehicle perception sensor data, and decisionmaking self-driving car control algorithms in smart sustainable urban mobility systems. Contemp. Read. Law Soc. Just. 13, 51-64. doi: 10.22381/CRLSJ13220 214

27 운이 좋은 사람은 다른 사람과 만나는 횟수가 많다.

Richard Wiseman,"The Luck Factor", Miramax (2004/8/18)

28 하고 싶은 일을 실현하지 못하는 것은 기회가 없어서이다.

Duffy, R. D., Autin, K. L., & Douglass, R. P. (2016). Examining how aspects of vocational privilege relate to living a calling. The Journal of Positive Psychology, 11, 416 – 427.

29 소명을 찾기 위해서는 여러 가지 기회(사람, 물건, 일)가 많이 필요하다.

Duffy RD, Dik BJ, Douglass RP, England JW, Velez BL. Work as a calling: A theoretical model. J Couns Psychol. 2018 Jul;65(4):423-439

30 원숭이에게서 발견된 시청각 거울 뉴런.

Kohler, E. et.al. "Hearing sounds, understanding actions: action representation in mirror neurons", 2002, Science, Vol.297, p.846-848

31 인간의 거울 뉴런이 시사하는 바와 청각과 이미지의 통합.

Rizzolatti, Giacomo & Craighero, Laila, "Language and mirror neurons", The Oxford Handbook of Psycholinguistics. 2012/Le Bel RM. et.al. "Motor-auditory-visual integration: The role of the human mirror neuron system in communication and communication disorders", J. Commun. Disord. 2009, Vol.42(4), p.299-304

32 거울 뉴런과 운동 제어.

Murata, A. "Function of mirror neurons originated from motor control system", Neurology and Clinical Neuroscience, Vol.12(1), 2005

33 내성 착각.

Pronin, Emily; Kugler, Matthew B. "Valuing thoughts, ignoring behavior: The introspection illusion as a source of the bias blind spot", J. Exp. Soc. Psychol., 2007, Vol.43(4), p.565 - 578

34 인간은 자신에 대해서 의외로 잘 알지 못한다.

Neubauer AC. Et.al. "The self-other knowledge asymmetry in cognitive intelligence, emotional intelligence, and creativity", Heliyon, 2018, Vol.4(12):e01061

35 타인의 시선이 객관적이어서 나를 올바르게 평가해줄 수 있다.

Jackson, J.J., Connolly, J.J., Garrison, S. M., Leveille, M.M., & Connolly, S. L.(2015). Your Friends Know How Long You Will Live:A 75-Year Study of Peer-Rated Personality Traits. Psychological Science, 26(3), 335 - 340.

36 주의 편향.

Pool, E, .et.al.,"Attentional bias for positive emotetional stimuli: A meta-analytic investigation" Psychol. Bull. 2016, Vol.142(1), p.79- 106

37 옥스퍼드대학교의 '계획된 우연 이론'.

Kathleen, E. Mitchell, S. AlLevin, John, D. Krumboltz, "Planned Happenstance: Constructing Unexpected Career Opportunities", J. Counseling & Development, Vol.77(2), p.115-124, 1999

Chapter2. 인생을 행복하게 만들어줄 천직, 라이프 워크

1 〈'의욕 있는 직원'은 6퍼센트뿐. 일본은 132위. 미국 갤럽 조사〉(일본경제 신문, 2017년 5월 26일)

2 일본인의 51퍼센트는 '돈을 벌기 위해 일한다'라고 답했다.
   〈국민 생활에 관한 여론조사〉(일본 내각부, 2014년)

3 일본 젊은이들의 직장 만족도는 미국보다 약 40퍼센트 낮았다.
〈아동·청년 백서〉(일본 내각부, 2014년)

4 일에는 잡, 커리어, 소명이라는 세 가지 유형이 있다.
Bellah, R. N., Madsen, R., Sullivan, W. M., Swidler, A., & Tipton, S. M.
(1986). Habits of the heart. Individualism and commitment in American
life. New York, NY: Harper & Row. "Habits of the Heart: Individualism
and Commitment in American Life"(1985)Wrzesniewski, A., McCauley,
C., Rozin, P., & Schwartz, B. (1997). Jobs, careers, and callings: People's
relations to their work. Journal of research in personality, 31(1), 21-33.

5 소명의 정의.
Bryan J. Dik and Ryan D. Duffy(2009)"Calling and Vocation at
Work: Definitions and Prospects for Research and
Practice"The Counseling Psychologist 2009; 37; 424

6 소명이란 목적을 알 수 있는 일이다.
Hall, D. & Chandler, D. 2005 Psychological success: When the career is
a calling. Journal of Organizational Behavior, 26, 155-176.

7 라이프 워크를 실현하고 있는 사람은 행복도가 높고 열정적으로 일한다.
Douglass, R. P., Duffy, R. D., & Autin, K. L. (2016). Living a calling, na-
tionality, and life satisfaction: A moderated, multiple mediator model.
Journal of Career Assessment, 24, 253 – 269 / Duffy, R. D., Allan, B. A.,
Autin, K. L., & Douglass, R. P. (2014). Living a calling and work
well-being: A longitudinal study. Journal of Coun- seling Psychology,
61, 605-615 / Wrzesniewski, A. (2012). Callings. In K. S. Cameron & G.
Spreitzer (Eds.), Handbook of positive organizational scholarship (pp. 45 –
55). New York, NY: Oxford University Press / Yoon, J. D., Daley, B. M.,
& Curlin, F. A. (2017). The association between a sense of calling and
physician well-being: A national study of primary care physicians and
psychiatrists. Academic Psychiatry, 41, 167-173.

8 라이프 워크를 실현하고 있는 사람은 자기 긍정감이 높고 일을 잘하며
다른 사람이나 집단을 기꺼이 도우려고 한다.
Duffy, R. Allan, B. & Dik, B. 2011 The presence of a calling and aca-
demic satisfaction: Exploring potential mediators. Journal of Vocational

Behavior,79:74-80.

9   세로토닌은 불안을 덜 느끼게 하고 마음을 안정시켜서 사람을 행복하
    게 만든다.
    Jenkins TA, Nguyen JC, Polglaze KE, Bertrand PP. Influence of Tryp-
    tophan and Serotonin on Mood and Cognition with a Possible Role of
    the Gut-Brain Axis. Nutrients. 2016 Jan 20;8(1):56.

10 하고 싶은 일을 하는 사람은 수입이 많은 편이고 더 높은 지위에 오르
    기도 하며 결근 일수가 적다.
    Duffy. R. D. & Sedlacek, W. E. 2010 The salience of a career calling
    among college students: Exploring group differences and links to reli-
    giousness, life meaning, and life satisfaction. The Career Development
    Quarterly,59:27-41.

11 하고 싶은 일을 찾는 과정은 도전적인 일을 해내는 능력과 관련된다.
    Esteves, T., & Lopes, M. P. (2017). Crafting a calling: The mediating role
    of calling between challenging job demands and turnover intention.
    Journal of Career Development, 44, 34-48.

12 소명을 실현하면 육체적인 피로나 스트레스까지 덜 느끼게 된다.
    Ehrhardt K, Ensher E. Perceiving a calling, living a calling, and calling
    outcomes: How mentoring matters. J Couns Psychol. 2021
    Mar;68(2):168-181.

13 행복한 사람의 주변에는 행복한 사람이 모인다.
    Fowler JH. & Christakis NA. "Dynamic spread of happiness in a large
    social network: longitudinal analysis over 20 years in the Framingham
    Heart Study", BMJ. 2008, Vol.337:a2338

14 자신이 아니라 타인을 위해서 돈을 사용할 때 더 큰 행복감을 느낀다.
    Dunn EW, Aknin LB, Norton MI. Spending money on others pro-
    motes happiness. Science. 2008 Mar 21;319(5870):1687-8

15 다른 사람을 위해서 행동하면 뇌의 보상계가 활성화된다.
    Harbaugh W T, Mayr U, Burghart DR. Neural responses to taxation
    and voluntary giving reveal motives for charitable donations. Science.
    2007 Jun 15;316(5831):1622-5

1   "타인을 아는 자는 지혜롭고, 자신을 아는 자는 명철하다."
     《노자》, 제33장

2   마쓰시타 고노스케, 《과거를 돌아보고 미래를 생각한다かえりみて明日を
     思う》(국내 미출간)

3   자신을 깊이 이해하는 능력은 전두엽의 발달과 연관이 있는데, 전두엽이
     발달한 사람은 내향적인 특성이 강하다. 따라서 실적이 좋은 영업사원은
     내향성이 강한 경우가 많다.
     Adam M. Grant "Rethinking the Extraverted Sales Ideal The Ambivert
     Advantage"(2013)

4   인간의 감정은 스물일곱 가지로 이루어져 있다.
     Cowen AS, Keltner D. Selfreport captures 27 distinct categories of emo-
     tion bridged by continuous gradients. Proc Natl Acad Sci U S A. 2017
     Sep 19; 114(38):E7900-E7909.

5   소명(하고 싶은 일)으로 이어지는 감정.
     Dobrow, S. R. & Tosti-Kharas, J. 2011 Calling: The development of a
     scale measure. Personnel Psychology, 64, 1001-1049 / Wrzesniewski, A.,
     McCauley, C.R., Rozin, P., & Schwartz, B.(1997). "Jobs, careers, and call-
     ings : People's relations to their work." Journal of Research in Personali-
     ty, 31, 21- 33 / Bunderson, S. & Thompson, J. 2009 The call of the
     wild: Zookeepers, callings, and the double-edged sword of deeply mean-
     ingful work. Administra- tive Science Quarterly, 54, 32-57 / Pratt, M.
     G., & Ashforth, B. E. (2003). Fostering meaningfulness in working and
     at work. In K. Cameron, J. E. Dutton, & R. E. Quinn (Eds.), Positive or-
     ganizational scholarship (pp. 309-327). San Francisco, CA: Barrett-Koe-
     hler / Discerning Calling : Bridging The Natural and Supernatural" Bry-
     an J. Dick and Michael F. Steger / Michael Novak (1996) Business as
     a Calling: Work and the Examined Life

6   작업을 진지하게 실행하면 글루탐산이 과도하게 분비되어 뇌 기능이
     저하된다.
     Wiehler A, et.al.,"A neuro-metabolic account of why daylong cognitive

work alters the control of economic decisions", Curr. Biol., 2022, Vol.32(16), p.3564-3575.e5.

7 잡 크래프팅이라는 사고방식.
Berg, J. M., Grant, A. M., & Johnson, V. (2010). When callings are calling: Crafting work and leisure in pursuit of unanswered occupational callings. Organization
Science, 21, 973-994.

8 잡 크래프팅을 통해 업무에 대한 만족도를 높일 수 있고 일의 의미를 찾을 수 있다.
Leana, C., Appelbaum, E., & Shevchuk, I. (2009). Work process and quality of care in early childhood education: The role of job crafting. Academy of Management Journal, 52, 1169-1192 / Lu, C., Wang, H., Lu, J., Du, D., & Bakker, A. B. (2014). Does work engagement increase personjob fit? The role of job crafting and job insecurity. Journal of Vocational Behavior, 84, 142-152

9 잡 크래프팅을 통해 직원의 생산성이 향상된다.
Tims, M., Bakker, A. B., & Derks, D. (2015). Job crafting and job performance: A longitudinal study. European Journal of Work and Organizational Psychology, 24, 914-928.

10 잡 크래프팅의 세 가지 기술.
Wrzesniewski A., Dutton J. E.(2001). Crafting a job: revisioning employees as active crafters of their work. Acad. Manag. Rev. 26, 179-201.

11 빌 게이츠의 말.
"Don't compare yourself with anyone in this world… if you do so, you are insulting yourself" / By Lori Tingey from Las Vegas, USA (Bill Gates at CES 2007) [CC BY 2.0], via Wikimedia Commons

12 비교 편향(대비 효과).
Ehrenstein, W. H., & Hamada, J. "Structural factors of size contrast in the Ebbinghaus illusion" Japan. Psychol. Res., 1995, Vol.37(3), p.158-169 /『あなたの世界をガラリと変える認知バイアスの教科書』西剛志著(SBクリエイティブ2023年)

1 긍정성 편향.
Mezulis, A. H.; Abramson, L. Y.; Hyde, J. S.; Hankin, B. L.(2004). "Is there a universal positivity bias in attributions? A meta-analytic review of individual, developmental, and cultural differences in the self-serving attributional bias". Psychological Bulletin. 130(5): 711-747

2 낙관주의 편향.
Sharot T. et.al. "Neural mechanisms mediating optimism bias", Nature, 2007, Vol.450(7166), p.102-5

3 부정성 편향.
P. Rozin & E.B. Royzman, "Negativity bias, negativity dominance, and contagion", Personality and Social Psychology Review, 2001, Vol.5, p.296-320

4 혼자 있는 것을 선호하는 사람은 레몬을 입에 넣었을 때 분비되는 침의 양이 50퍼센트 많다(대사가 활발하게 일어난다).
Casey J, McManis DL. Salivary response to lemon juice as a measure of introversion in children. Percept Mot Skills. 1971 Dec;33(3):1059-65.

5 일이 잘 풀리는 사람은 성과를 내기 위한 뇌 속 대화를 잘한다.
니시 타케유키,《인생은 당신의 말로 결정된다》(알에이치코리아, 2024년)

6 어려운 작업에 너무 진지하게 임하면 단기적인 관점으로 생각하게 된다.
Ledford H. "Why thinking hard makes us feel tired", Nature, 2022, Aug 11. doi: 10.1038/d41586-022-02161-5.

7 과도한 긴장은 새로운 아이디어나 해결책의 발견을 45퍼센트 감소시킨다.
Amabile, Teresa, "Does high stress trigger creativity at work?", Market-place, May 3, 2012/ https://www.marketplace.org/2012/05/03/does-high-stress-trigger- creativity-work/

8 데시 박사의 의욕 실험.
Deci EL. "Effects of externally mediated rewards on intrinsic motiva-tion", J. Pers. Soc. Psychol., 1971, Vol.18, p.105-115

1 재능에 대한 정의는 사회의 요구에 따라 바뀐다.

Araújo D, Roquette J, Davids K. Ubiquitous skill opens opportunities for talent and expertise development. Front Sports Act Living. 2023 May 3;5:1181752. doi: 10.3389/fspor.2023.1181752.

2 뇌에서 재능과 관련된 영역은 넓게 퍼져 있다.

Goriounova NA, Mansvelder HD. Genes, Cells and Brain Areas of Intelligence. Front Hum Neurosci. 2019 Feb 15;13:44. doi: 10.3389/fnhum.2019.00044 / Colom R, Karama S, Jung RE, Haier RJ. Human intelligence and brain networks. Dialogues Clin Neurosci. 2010;12(4):489-501.

3 세계적으로 재능 연구에 가장 많이 활용되는 IQ(지능 지수).

Andreasen N. C., Flaum M., Swayze V., II., O'Leary D. S., Alliger R., Cohen G., et al.. (1993). Intelligence and brain structure in normal individuals. Am. J. Psychiatry 150, 130-134.

4 최근에 발견된 공간 인지 재능 'O'.

Gauthier, I. (2018). Domain-Specific and Domain-General Individual Differences in Visual Object Recognition. Current Directions in Psychological Science, 27(2), 97-102.

5 하버드대학교의 '여덟 가지 지능'을 기반으로 한 '다중 지능 이론(MI 이론)'.

Gardner H. Taking a multiple intelligences (MI) perspective. Behav Brain Sci. 2017 Jan;40:e203/ Gardner H. The theory of multiple intelligences. Ann Dyslexia. 1987 Jan;37(1):19-35 / Shearer B. Multiple Intelligences in Teaching and Education: Lessons Learned from Neuroscience. J Intell. 2018 Aug 31;6(3):38. doi: 10.3390/jintelligence6030038

6 다중 지능 이론에 대한 세계의 평가.

Attwood AI. A Conceptual Analysis of the Semantic Use of Multiple Intelligences Theory and Implications for Teacher Education. Front Psychol. 2022 Jun 16;13:920851. doi: 10.3389/fpsyg.2022.920851 / Cerruti C. Building a functional multiple intelligences theory to advance educational neuroscience. Front Psychol. 2013 Dec 19;4:950. doi:

10.3389/fpsyg.2013.00950 / Rousseau L. "Neuromyths" and Multiple Intelligences (MI) Theory: A Comment on Gardner, 2020. Front Psychol. 2021 Aug 6;12:720706. doi: 10.3389/fpsyg.2021.720706 /

7   소명을 실현하더라도 환경이나 조직에서 적합하다는 느낌을 받지 못하면 업무 만족도가 떨어진다.

Berg, J. M., Grant, A. M., & Johnson, V. 2010 When callings are calling: Crafting work and leisure in pursuit of unanswered occupational callings. Organization Science,21(5):973-994 / Xie B., Zhou, W., Huang, J.L., & Xia, M. 2017 Using goal facilitation theory to explain the relationships between calling and organization-directed citizenship behavior and job satisfaction. Journal of Vocational Behavior,100:78-87/ Duffy, R. D., Autin, K. L., & Bott, E. M. (2015). Work volition and job satisfaction: Examining the role of work meaning and P-E fit. Career Development Quarterly, 63, 126 – 140/ Kristof-Brown, A. L., Zimmerman, R. D., & Johnson, E. C. (2005). Consequences of individuals' fit at work: A meta-analysis of person-job, person-organization, person-group, and person-supervisor fit. Personnel Psychology, 58, 281-342.

Chapter6. 라이프 워크를 발견하는 작은 습관 열 가지

1   자기 충족적 예언.

Sternberg E. A self-fulfilling prophecy: linking belief to behavior. Ann N Y Acad Sci. 2011 Oct;1234:98-9.

2   스트레스를 받으면 시야가 좁아진다.

Dirkin GR. Cognitive tunneling: use of visual information under stress. Percept Mot Skills. 1983 Feb;56(1):191-8/ Vater C, Wolfe B, Rosenholtz R. Peripheral vision in real-world tasks: A systematic review. Psychon Bull Rev. 2022 Oct;29(5):1531-1557.

3   장소 세포.

Moser MB, Rowland DC, Moser EI. Place cells, grid cells, and memory.

Cold Spring Harb Perspect Biol. 2015 Feb 2;7(2):a021808.

4 장소 세포(해마)는 전전두피질의 활성화와 연동된다.

Samborska V, Butler JL, Walton ME, Behrens TEJ, Akam T. Complementary task representations in hippocampus and prefrontal cortex for generalizing the structure of problems. Nat Neurosci. 2022 Oct;25(10):1314-1326.

5 조망 효과.

van Limpt-Broers HAT. et al. "Creating Ambassadors of Planet Earth: The Overview Effect in K12 Education" Front. Psychol. 2020, Vol.11

6 장소를 이동하면 뇌의 보상계(선조체)까지 활성화된다.

Heller AS, Shi TC, Ezie CEC, Reneau TR, Baez LM, Gibbons CJ, Hartley CA. Association between real-world experiential diversity and positive affect relates to hippocampal-striatal functional connectivity. Nat Neurosci. 2020 Jul;23(7):800-804.

7 예상치 못한 새로운 일은 도파민을 분비시킨다.

Anselme P. & Robinson MJ. "What motivates gambling behavior? Insight into dopamine's role" Front. Behav. Neurosci. 2013, Vol.7:182

8 점화 효과.

Bargh JA., et.al., "Automaticity of social behavior: direct effects of trait construct and stereotype-activation on action", J. Personal. Soc. Psychol., 1996, Vol.71(2), p.230-244

9 신념 편향.

Evans J.S.B. et. al. "On the conflict between logic and belief in syllogistic reasoning", Mem. Cogn. 1983, Vol.11, p.295-306/ Evans J.S.B., et.al. "Necessity, possibility and belief: a study of syllogistic reasoning", Q. J. Exp. Psychol. 2001, Vol.54, p.935-58

10 기억력은 신념 편향에 의해 변화한다.

Thomas, A. K., & Dubois, S. J. "Reducing the Burden of Stereotype Threat Eliminates Age Differences in Memory Distortion", Psychological Science, 2011, Vol.22(12), p.1515-17

11 신념의 변화.

Edwards, Ward. "Conservatism in Human Information Processing(excerpted)". In Daniel Kahneman, Paul Slovic and Amos Tversky.(1982). Judgment under uncertainty: Heuristics and biases. New York: Cambridge University Press. ISBN 978-0521284141 Original work published 1968.

1만 명의 재능과 강점을 이끌어낸 7단계 자기 탐색 프로그램

뇌 과학자가 알려주는 하고 싶은 일 찾는 법

초판 1쇄 인쇄 2025년 1월 3일
초판 1쇄 발행 2025년 1월 10일

지은이 니시 다케유키
옮긴이 이정현

대표 장선희 **총괄** 이영철
책임편집 오향림 **기획편집** 현미나, 한이슬, 정시아
책임디자인 양혜민 **디자인** 최아영
마케팅 박보미, 유효주, 박예은
경영관리 전선애

펴낸곳 서사원 **출판등록** 제2023-000199호
주소 서울시 마포구 성암로 330 DMC첨단산업센터 713호
전화 02-898-8778 **팩스** 02-6008-1673
이메일 cr@seosawon.com
네이버 포스트 post.naver.com/seosawon
페이스북 www.facebook.com/seosawon
인스타그램 www.instagram.com/seosawon

ⓒ 니시 다케유키, 2025

ISBN 979-11-6822-366-0 03190

서사원은 독자 여러분의 책에 관한 아이디어와 원고 투고를 설레는 마음으로 기다리고 있습니다.
책으로 엮기를 원하는 아이디어가 있는 분은 이메일 cr@seosawon.com으로 간단한 개요와 취지,
연락처 등을 보내주세요. 고민을 멈추고 실행해보세요. 꿈이 이루어집니다.

원저작권사 STAFF

편집 협력 히가시 유스케
출판 프로듀서 모리 모리 타카히로